# デンマーク概略図と訪問図書館

# デンマークのにぎやかな公共図書館

平等・共有・セルフヘルプを実現する場所

吉田右子

新評論

❹

❺

扉写真：コペンハーゲンの街中にたくさんある運河
❶デンマークの典型的な平屋建ての図書館（リスコウ図書館）
❷集中して読書や学習に取り組めるコーナー（フレズレクスベア中央図書館）
❸書架の間に腰掛けて読書に没頭する利用者（ルングビュー図書館）
❹児童室はこっちだよ（ブロゴーオン図書館）
❺思わず中に入ってみたくなる円形書架（ハスレ図書館）

❶

❷

❸

❻一人で落ち着いて読書ができるコーナー（ブロゴーオン図書館）
❼図書館から続く屋外のカフェスペース（ソンビュー図書館）
❽書架の中で出会う育児情報（カールスロン図書館）
❾医学関係図書の脇には健康情報のパンフレット（ソルヴァン図書館）
❿緑の庭に面して置かれた窓際の本（カールスロン図書館）

❻

❼

❽

❾

⓫

⓫どこのコーナーにも利用者がいっぱい（ルングビュー図書館）
⓬料理書の隣に並ぶ移民・難民向けのパンフレット（ヴェスタブロー図書館）
⓭分館で仲良く勉強する少女たち（ソルヴァン図書館）
⓮図書館で工作をするエスニックマイノリティの子どもたち（ソルヴァン図書館）

⓬

⓭

⓮

# はじめに

二月の寒い日、人びとが次々にやって来て思い思いの場所でくつろいでいる。ある人は発売されたばかりの雑誌を読み、ある人はお気に入りの作家の本にどうやら夢中になっているようだ。編み物をしている人がいると思えば、ゲームをしている人もいる。

目を移すと、ある所では、新米パパらしき人が子育てのコツについて講義を受けているし、また別の所では、NPOのリーダーと市民が額をつきあわせて地域の問題を話し合っている。弁護士に法律相談をしている人もいれば、市の職員に対して税金の質問をしている人もいる。

こんな光景が見られる所、そう、ここはデンマークの公共図書館である。

福祉の世界ではその名が知られるデンマークだが、公共図書館サービスにおいても世界でもトップレベルに入ることがあまり知られていない。というよりも、この国の図書館について一般の日本人が知るほどの情報がなかっただけかもしれない。

本書は、著者が実際に訪ね歩いたデンマークの個性的な図書館の事例を紹介しつつ、北欧の公共図書館の豊かな世界にみなさんをご案内するものである。

北欧と言えば、今、まさにさまざまなジャンルで脚光を浴びている地域である。福祉、教育、環境、デザインといった領域で関連図書が毎年たくさん出版され、インターネット上にも多くの情報が紹介されている。その北欧の魅力のなかに図書館を加える必要があるということを、本書を読み終えた人びとに納得してもらえたら、私の試みは成功したと言えるだろう。

サービスの質と量、そして図書館を利用するそれぞれの国民の頻度から見ても、北欧の図書館は国際的にきわめて高いレベルにある。その事実を一人でも多くの人に知ってもらいたいと思って、私はデンマークを中心とした北欧の公共図書館について本書を著すことを決意した。本書がきっかけとなって、北欧の図書館への関心が高まることを期待したい。

北欧は、格差のない平等社会の確立を社会政策の中心課題として掲げてきた。そのなかにあって公共図書館は、誰もがさまざまな情報にアクセスできるようにその回路を確保してきた。それがゆえに、今日図書館は、情報にかかわる不平等を埋める機関として社会的に認知されている。また、生涯学習の拠点としても住民から高い信頼を得ている。

また北欧では、幼いころから保護者に連れられて公共図書館に行き、学齢期になると学校図書館を通じて図書館と親しむようになる。そしてその後は、生涯にわたって図書館を利用するというのが一般的なライフスタイルとなっている。

本書では、主にデンマークの公共図書館をさまざまな角度から紹介しながら、その魅力を浮き彫りにするとともに、「平等」「共有」「セルフヘルプ」といった北欧社会の理念が、公共図書館の成熟に密接に結びついていることを明らかにしていきたい。そして、読者のみなさんには、紙上において北欧の「図書館紀行」を味わっていただければと思っている。

本書には、みなさんも一度は行ったことがある図書館の魅力を「再発見」するためのヒントがギュッと詰まっている。まずはページをめくりながら、北欧の図書館の世界を写真とともにゆっくり楽しんでください。

もくじ

## 第2章 デンマークの公共図書館サービスの実際
### ――サービス・施設・プログラム 57

## 第3章 デンマークの公共図書館をめぐる旅――個性的な図書館を訪ねて 97

# デンマークのにぎやかな公共図書館——平等・共有・セルフヘルプを実現する場所

序章

# 私が北欧の図書館をめぐる旅に出た理由

旅のきっかけになったフィンランド・カレリヤ地方

# 1 フィンランドの小さな町の図書館

私が北欧の図書館に興味をもちはじめることになったきっかけは、一二年ほど前に、図書館関係の雑誌『カレントアウェアネス（Current Awareness）』に小さく紹介されていたフィンランドの小さな町の図書館のことを知ったからである。

ヘルシンキから電車で五時間ほど行ったカレリヤ（Karjala）地方にあるリペリ（Liperi）という町にある図書館には、館内に書店があるという。図書館の新館が造られるときに、その中に書店を造るという計画がもちあがり、検討のうえ、図書館と書店が一つ屋根の下でお互い助けあって活動していくことになった——たしか、こんな内容の記事だった。

図書館と書店は、一見すると敵対する関係にあるように思える。しかし、よく考えてみると、両者は協力しあって活字文化を育くむ兄弟のような関係であると言える。フィンランドの小さな町で、そのような関係が実現していることに私は強くひかれた。それ以来、北欧の図書館は私にとってとても気になる存在になり、少しずつ図書館について調べるようになった。

二〇〇六年八月、念願の北欧図書館の海外調査に出かける機会に恵まれた。北欧での調査では大きな成果を得たものの、サービスは想像していたものよりは普通だと感じたし、実際に、それほど特別なことをしているわけではなかった。日本の公共図書館でも、北欧に負けないぐらいに多様なサービスを展開している、とも思った。充実した旅ではあったが、日本と北欧の公共図書館にはそれほど差がない、と自分なりにいったんは結論づけた。

しかし、秋が深まるころ、突然「北欧ショック」が襲ってきた。どこの町にも居心地のよい図書館があって専門職が配置されていたこと、基本的なサービスをごく普通にこなしていたこと、図書館長（たまたま全員が女性）の図書館に対する確固たる信念、高齢者が真剣に書架の本を選ぶ姿、温かみのある家具といったことの一つ一つが、途轍もないことのように思えてきた。

建物、資料、資料と情報についての専門家である司書という三つの要素がきちんと揃い、しかもそれぞれのバランスが取れていることが図書館サービスの条件となるのだが、この条件を満たすのはそれほど簡単なことではない。建物が素晴らしいのにスタッフが不足していたり、熱意のあるスタッフがいても資料が揃っていなかったりという図書館は、「図書館大国」と呼ばれているアメリカでもたくさんある。しかし、北欧の図書館は、図書館の三条件がどこにいっても満たされているのだ。これは、ある意味で「ショック」と呼べるほどの衝撃だった。

でも、それだけでは説明不可能な何かが私の心を打った。なぜ、しかもタイムラグつきでこれほど大きなショックが襲ってきたのか――その理由をずっと考えつづけたがよく分からない。唯一、分かったことは、この謎を解くためにはもっと長く北欧に滞在して、時間をかけて図書館をじっくり見て回る以外にないということだった。

何とかもう一度、北欧の図書館を調査してみたいと思いつづけていたところ、幸運にも、二〇〇八年八月から二〇〇九年三月までの八か月間、デンマークの首都コペンハーゲン（København）で公共図書館の研究を行う機会を得た。このチャンスに心から感謝し、夏・秋・冬の衣服を巨大なトランクに詰めて私はデンマークに旅立った。

コペンハーゲンに着いたのは八月一日、夏真っ盛りの日だった。この季節は、北欧に暮らすすべての人が太陽を浴びるためだけに生活をしている、と言っても過言ではない。夜一〇時を回らないと外が暗くならないということもあり、ほとんどの人びとが多くの時間を屋外で過ごしている。

夕方、コペンハーゲンに到着してホテルにチェックインしたあと、パンパンに膨らんだトランクを部屋に置いたままにして外に出てみた。ホテルの近くの市庁舎の周りにあるカフェはどの店も椅子を外に出しており、お客はみんな屋外でお茶や食事を楽しんでいる。

目についたカフェに入って、私も屋外の椅子に座ってビールを注文した。ビールを飲みながら周囲の風景をぼんやりと見ていると、やっとコペンハーゲンに来たんだなあ、という実感がわいてきた。夜の七時過ぎなのに日が暮れる様子がまったくない。みんなのんびりビールを飲んでおしゃべりを楽しんでいる。これからの八か月のことを考えてみたけれど、長いフライトのあとのせいか頭がうまく回らない。それでも明るい夜に外でビールを飲んでいることで、北欧生活の第一歩を踏み出したことは確かに実感することができた。

次の日、早速、近くの図書館に行ってみた。多くの人びとが休暇に出かけていることもあって、この時期の図書館はどちらかと言えばひっそりとしている。あとから知ったのだが、司書も順番に休暇をとるので職員数はほかの時期に比べてずっと少ない。壁には、「休暇で読書三昧！」とか「バカンスでこの本を読んではいかが？」などと書かれた読書をすすめるポスターがたくさん貼ってあった。

屋外のカフェでビールを楽しむ人びと

今、まさに私が味わっている夢のような夏が終わったころ、おそらく秋から冬に向かって図書館は多くの人でにぎわうにちがいない。利用者も職員も少ない図書館の椅子に座って、季節が冬になり、利用者でいっぱいになった図書館を私は想像してみた。でも、うまくイメージすることができない。なぜなら、外は太陽がさんさんと輝いているし、利用者はみんな半袖、サンダル履きで図書館に来ているのだ。そんな状況で、暗くて寒い時期のことを考えるのには無理があった。しかし、考えてみれば、今そのことをイメージする必要はなかった。今回の滞在は翌年の三月までだから、季節の移り変わりにあわせて図書館を訪ねることがいくらでもできるのだ。そう思って私は、終わりかけていた北欧の夏を思いっきり楽しむことに決めた。

本書では、二〇〇八年八月から二〇〇九年三月までに私が実際に訪ね歩いたデンマークを中心とした北欧の公共図書館を紹介していきたい。北欧社会において、いったい図書館はどのような役割を果たしているのだろうか。人びとはどんなふうに図書館を利用しているのだろうか。図書館のありのままの姿を、なるべく詳しく、そして具体的に読者のみなさんに伝えていきたいと思う。

## 2　北欧の図書館――伝統とＩＴのはざまで

　デンマークの公共図書館の話に入る前に、まず北欧の公共図書館の話からはじめよう。北欧とは一般に、アイスランド、デンマーク、ノルウェー、スウェーデン、フィンランドの国々を指すことが多い。いずれの国の公共図書館も、生涯学習機関としての長い歴史をもっている。すべての住民が等しく情報にアクセスし、自ら学ぶ場として公共図書館はコミュニティのなかで重要な役割を果たしてきた。

　どこに住んでいようと、どのような経済状態にあろうとも、住民には図書館サービスを平等に受けられる権利が保障されている。地域の公共図書館は、生涯にわたって学びつづけるための拠り所である。北欧社会のなかで図書館は、コミュニティでもっともなじみのある公共機関であり、人びとの日常生活に深く浸透しているのだ。

### 進化を遂げた公共図書館

　この一〇年間の、北欧の図書館におけるもっとも大きな変化と言えば、電子メディアとインターネットの導入であろう。図書・雑誌、レコード・ビデオといった伝統的な資料に加えて、ＣＤ

―ROMやDVD―ROMといった新しい電子メディアが次々と導入された。また、国ごとに全国レベルの目録システムがつくられて、それがインターネット上で公開されている。この目録ネットワークを使って、特定の資料が国内のどこの図書館にあるのかがすぐに分かるようになった。自分の図書館にない資料は別の図書館からすぐに取り寄せることができるというこのシステムを「図書館間の資料相互貸借」と呼んでいるが、この相互貸借が簡単にできるようになったことで、利用者にとっては図書館がますます使いやすいものとなった。

公共図書館は、地域の文化センターとしての役割も果たしている。講演会・映画上映会・コンサート・読書会・語学講座など

書架の中に置かれたコンピュータ（ヒレレズ図書館）

の伝統的とも言える行事に加えて、最近は、健康相談、法律相談などを行う図書館も増えてきた。こうした図書館プログラムについては、のちに詳しく見ていくことにしたい。

## 3 北欧でもっとも成熟した図書館システムをもつ国デンマーク

北欧と聞いて、読者のみなさんが思い浮かべるものはいったい何だろうか。フィヨルド、オーロラ、湖といった大自然？　アンデルセン童話やムーミン、ピッピといった児童文学？　それとも、家具、食器、テキスタイルなどのデザインであろうか。ひょっとしたら、社会福祉や環境問題への先進的な取り組みといったことを思い浮かべる方もいるだろう。私たちにとって北欧は、案外イメージしやすい所なのかもしれない。

でも、そのときに、具体的に国のイメージが浮かぶ人がどれくらいいるだろうか。

もちろん、北欧諸国にはそれぞれ似た部分も多くある。デンマーク語、ノルウェー語、スウェーデン語は兄弟のような言葉であるし、「北欧デザイン」と呼ばれるシンプルで力強いデザインのなかにも共通点が見られる。しかし、デンマーク、スウェーデン、ノルウェー、フィンランド、アイスランドの五か国はかなり異なる固有の文化と社会をもっている。図書館についても同じで、

「サービスの質が高く利用率が高い」ことは共通しているものの、その制度や法律には驚くほどの違いがある。それゆえ、一般論として北欧の図書館を語ってしまうことはとても危険となる。

先にも述べたように、本書ではとくにデンマークの公共図書館に焦点を絞って話を進めていくのだが、それはデンマークが北欧諸国のなかでもっとも成熟した図書館システムをもっているからである。この理由についてはのちに詳述することにして、まずはデンマークという国について簡単に紹介しておきたい。

デンマークは、人口約五五一万人、国土面積は九州と同じぐらいの小さな国である。一番標高の高い地点でも一七〇メートルで山らしい山はなく、ほぼ真っ平らな土地が広がっている。ヨーロッパ大陸につながるユラン島（Jylland）、首都コペンハーゲンのあるシェラン島（Sjælland）、フューン島（Fyn）という三つの大きな島と、多数の小さな島々によってデンマークは構成されている。北海道の稚内市よりも高緯度にあるのだが、北欧では一番南に位置し、ほかの北欧諸国に比べれば気候もそれほど厳しくはない。

デンマークに近代的な公共図書館ができたのは、一九世紀後半から二〇世紀初頭にかけてのことである。それまでは教会に付設されたものが地域唯一の図書館であったが、それらを利用できるのはかぎられた人びとであった。その後、図書館先進国のアメリカから近代図書館の運営方法がもち込まれ、デンマーク各地に無料で利用できる近代的な図書館が造られた。

デンマークの図書館は、一〇〇年以上の長きにわたって生涯教育の拠点としての役割を担ってきた。コミュニティの住民に対して公平な情報のアクセスを確保するため、北欧諸国のなかでもいち早く図書館間のネットワークを整備し、居住区がどこであろうが住民が平等にサービスを享受できるようにした。平坦で狭い国土という条件も、図書館ネットワークの発展にとっては好都合だったと言えるだろう。変化に富む地形をもつ北欧のほかの国々と比べれば、図書館網を全土に張りめぐらせることは比較的容易だった。

デンマークでは、一九二〇年に図書館法が制定されて以来、時代に合わせて定期的に改正を繰り返してきた法律に厳密に従う形で図書館が運営されてきた。そして、一九六四年の改正において、すべてのコムーネ（Kommune・日本の市町村レベルに該当する行政区域）での図書館設置が義務づけられた。図書館サービスへの公的財源の支出は法的に裏付けられており、サービスに携わる職員は、すべて専門的なスキルをもつ有資格の司書[1]となっている。

充実した図書館ネットワーク、法的裏付け、サービスに携わる専門職の確立……こうした特徴により、デンマークは北欧諸国のなかで「もっとも成熟した図書館制度をもつ国」と呼ばれるよ

（1）「司書」は、日本の図書館法では「社会教育施設としての図書館（公立図書館、私立図書館）に置かれる専門職員」と定義されているが、本書では、図書館に関する専門的知識をもち「bibliotekar（図書館員）」として働く有資格の図書館職員を「司書」と呼ぶことにする。

うになったわけだ。私が留学先としてデンマークを選んだのも、世界的なレベルを誇る図書館制度を現地で直接学んでみたいと考えたからだった。

本書では、デンマークの公共図書館をさまざまな角度から見ていくことによって、世界でもっともすぐれた図書館制度をもつこの国の公共図書館の秘密を探っていくことにしたい。それでは、早速、次章からデンマークの公共図書館を支える制度について見ていこう。

第1章

# デンマークの公共図書館サービスの基盤

## ――歴史・法・専門職制度

左が王立図書館旧館右がブラックダイヤモンドと呼ばれる新館

本章では、最初にデンマークの公共図書館にまつわるいくつかの数字を紹介したのちに、公共図書館がこれまで歩んできた道のりと図書館を支える法制度、そして図書館サービスの基盤を支える司書という専門職について見ていくことにする。

# 1 数字で見るデンマーク公共図書館の今

## 公共図書館の数と所蔵資料の内訳

デンマークの公共図書館は、文化省（Kulturministeriet）の管轄下に置かれている。図書館政策を統括しているのは、文化省の下にあるデンマーク図書館・メディア局（Styrelsen for Bibliotek og Medier）である。

デンマーク図書館・メディア局が毎年発表している『公共図書館・学術図書館統計（Folke- og Forskningsbiblioteksstatistik）』は、デンマークの公共図書館の全体像をつかむのには非常に便利な資料である。この統計によれば、二〇〇八年現在、デンマークには五一〇か所の公共図書館(1)（王立図書館を除く）のサービスポイントがあり、その内訳は中央館が九七館、分館や配本所が三八〇館、移動図書館(2)が三三か所となっている。二〇〇八年に図書館を訪れた人の数は約三四〇〇万人、図書館が開設しているウェブサイトへの訪問者は二四〇〇万人であった。

図書館の来館者数とウェブサイトへの訪問者数が、ここ一〇年間で徐々に近づきつつある。これは、ネットワークを介した図書館サービスが徐々に増えてきていることを示している。とくに、音楽のダウンロードサービスの開始によってウェブサイトへのアクセスが一段と増加した。このような傾向は、今後、電子書籍や映画の配信サービスが本格化するにつれていっそう強まると予想されている。

とはいえ、公共図書館が保有している資料のうち、図書が占めている割合は約八三パーセントと群を抜いている。次に、音楽資料一一パーセント、録音図書二パーセント、映像資料一・八パーセント、マルチメディア〇・八パーセント、その他、というシェアになっている。二〇〇七年との比較で見ると、データベース、電子ジャーナルなどのデジタル資料の占める割合が増加したし、電子書籍、電子ジャーナルのダウンロード貸出も二〇〇七年に比べて著しい増加となってい

---

(1)　図書館サービスの拠点の一つとして、図書館から送られた図書が利用者に貸し出される場所のこと。学校や公的施設に置かれることが多い。図書館が設置されていない場所で資料の提供を行うために設けられている。
(2)　図書館界では、図書館サービスをすべての地域の住民に提供するために、図書館にアクセスしにくい地域に資料を運ぶことが慣例となってきた。資料の移動は、古くは馬車や自動車が使われたが、現在はバス（ブックモービル）と船（ブックボート）が主に用いられている。

るが、現在のところ図書館の主要なメディアはやはり図書である。しかし、視聴覚資料やデジタル資料の利用が急激に増えつつある状況をふまえると、公共図書館が扱うメディアは現在大きな変換期にあると言える。

### 開館時間と貸出数

次に、図書館の軒数に注目してみよう。中央館、分館、そして配本所の数は、この一〇年間一貫して減りつづけている。とりわけ、行政改革によるコムーネ合併の影響を受けた二〇〇七年に、公共図書館は六八一館から五五〇館に減少した。

図書館の数ばかりか、図書館の開館時間も短くなっている。二〇〇六年から二〇〇七年にかけて開館時間は大幅に減少し、二〇〇八年には、一週間の総開館時間がとうとう一四時間を割り込んでしまった。といっても、デジタルサービスの拡大によって非来館型のサービスが増えていることもあり、開館時間が短くなったからといって、そのまま図書館サービスが低下したとは言えない。

一方、図書館全体の貸出数は、デジタルサービスの増加によって確実に増えている。二〇〇八年の貸出数と更新回数の総数は七四〇〇万件を数え、前年度より約二八〇〇万件増加した。

音楽資料については、数年前からはじまったネットワークを経由した音楽配信サービス

「Netmusik」による貸出が急激に伸びている。利用者は、サイトにアクセスして図書館のユーザーIDとパスワードを入れ、このシステムを使って好きな楽曲を選んで簡単にダウンロードすることができる。二四時間いつでも自宅から利用できるということが、このサービスの最大の売りである。

デンマークの公共図書館の年間貸出冊数は、住民一人当たりに換算すると一三・五冊になる。年間貸出数が二〇冊に達するフィンランドには及ばないまでも、世界的に見るとかなり高い数値と言える。

## 地域によって差がある図書館予算

二〇〇八年の住民一人当たりの図書館経費は、四五六クローナ（約六八四〇円）[3]となっている。図書館予算は各コムーネの裁量に任されているため、一人当たり一〇一八クローナ（約一五二七〇円）もの潤沢な経費をもつアルバツロン図書館（Albertslund Bibliotek）から、二七六クローナ（約四一四〇円）しか経費があてられていないヒーゼンステズ図書館（Hedensted Bibliotek）

(3) 私がデンマークに到着した二〇〇八年八月には、一デンマーク・クローネが約二一円であった。二〇一〇年八月現在、一クローネは約一五円であり、本書はこのレートで換算している。

まで、かなりばらつきがある。

こうした地域格差がなぜ生じるのかと言えば、それは図書館政策の主導権が国から各自治体に委譲されるようになってきたからである。脱中央化は一九八〇年代の半ばからはじまり、現在、デンマークの公共図書館政策に関して地方分権化の傾向が強まっている。各自治体は、文化予算のうち図書館に回す予算の割合を自分たちの裁量で決定するようになったため、多くの予算を割り当てるコムーネとそうでないコムーネの間に格差が生じたのである。

## 全国的な図書館ネットワーク

繰り返すが、デンマークは世界的に見ても図書館ネットワークがもっとも発達した国である。現在のネットワークのもととなる図書館連携というアイデアが考え出されたのは、なんと二〇世紀初頭のことであった。デンマークが世界に誇る図書館システムは、実に一〇〇年の歳月をかけて徐々に築きあげられてきたのである。その仕組みは次のようになっている。

地域住民への図書館サービスは、基本的に各コムーネの図書館が担当する。各コムーネの図書館の情報提供能力を上回る情報要求があった場合、デンマーク全体で六館ある中央図書館（Centralbibliotek）がサポートする形で住民の要求にこたえる。中央図書館はコムーネの図書館を兼任しており、現在のところ、ゲントフテ図書館（Gentofte Bibliotek）、ロスキレ図書館

（Roskilde Bibliotek）、オーゼンセ図書館（Odense Bibliotek）、ヴァイレ図書館（Vejle Bibliotek）、ヘアニング図書館（Herning Bibliotek）、オルボー図書館（Ålborg Bibliotek）の六館が、各コムーネへのサービスを行うとともに中央図書館としての機能を果たしている。

　中央図書館の役割は、大きく分けて二つあって、一つはコムーネの図書館が所蔵していない資料を提供することであり、もう一つは、コムーネの図書館が実施するサービスに対して適切な助言を与えることである。中央図書館が所蔵していない資料は、大学図書館や王立図書館などから取り寄せて、地元の図書館で受け取ることも可能である。

　このように、デンマークでは図書館ネットワークによって、資料がどこにあっても簡単に入手することができるようになっている。

　コペンハーゲンにあるデンマーク王立図書館（Det Kongelige Bibliotek）は法定納本図書館に定められていて、デンマークで書籍を出版した場合、それらすべての資料が王立図書館に納められることになっている。王立図書館を補助するのはオーフース大学図書館を兼ねる国立図書館（Statsbiblioteket）である。

　こうしたネットワークが力を発揮するのは、主に図書館間における資料の貸借面ということになる。そこで重要になってくるのが、相互貸借業務を行うときに必須となる「本についてのデータ」（著者、タイトル、出版者、出版年などのデータ。「書誌情報」と呼ぶ）である。デンマーク

オーフースの国立図書館

図１－１　デンマークの公共図書館システム

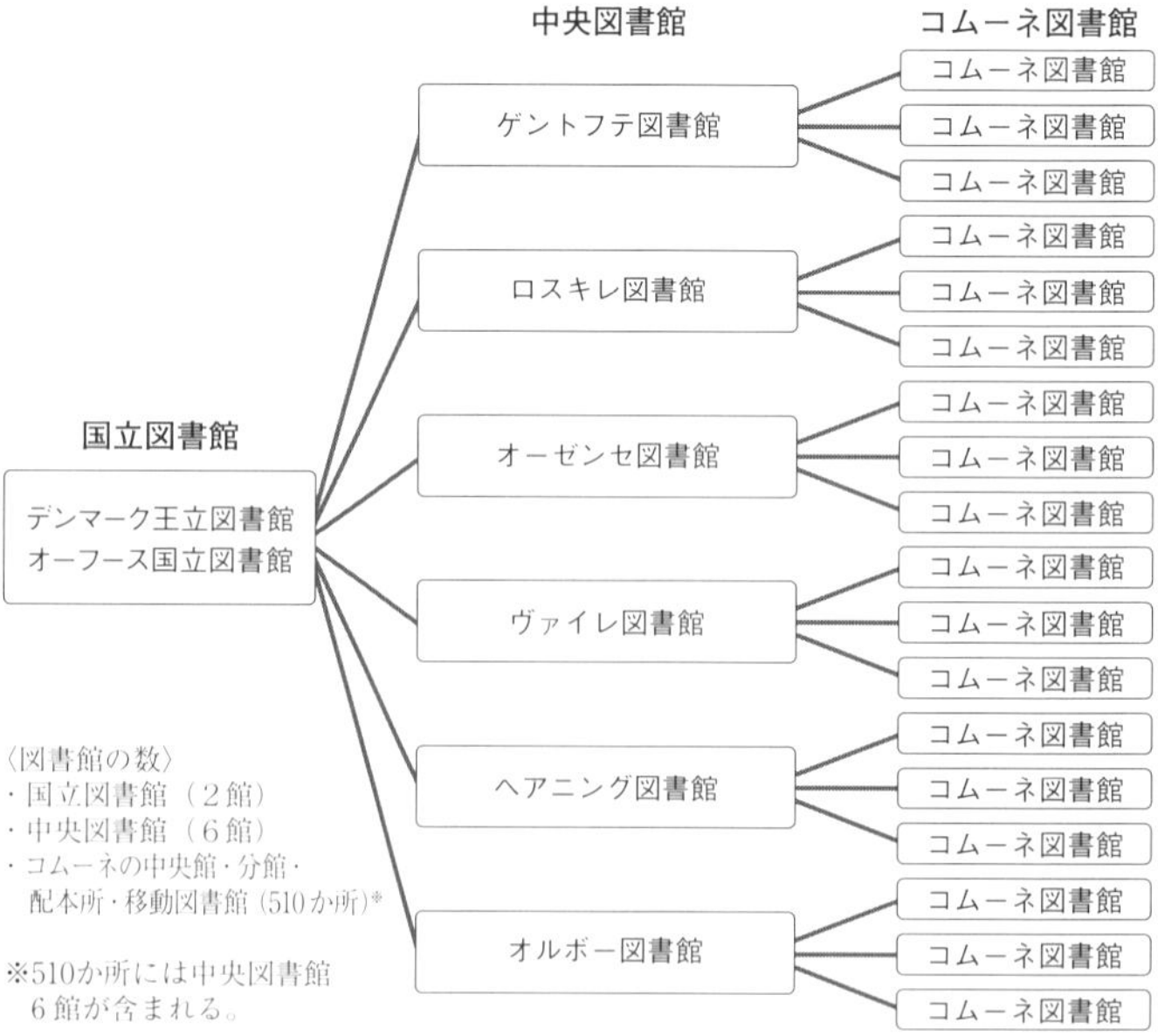

で書誌情報の作成を一手に引き受けているのが、デンマーク書誌センター（Dansk Biblioteks Center）である。ここでは、デンマークの公共図書館・大学図書館・専門図書館の資料データを網羅するDANBIBというデータベースを管理している。DANBIBのデータに基づいて、デンマークでは全国図書館ネットワークシステムの「bibliotek.dk」が構築されている。このデータベースを使えば、どの資料がどの図書館にあるのかを瞬時に調べることが可能である。

二〇世紀初頭に図書館同士の協力関係から生まれた図書館ネットワークは、いまや電子ネットワークと全国に張りめぐらされた図書館ネットワークへと成長を遂げ、デンマークの図書館サービスを支えているのである。

## 二〇〇七年の行政改革と相次ぐ公共図書館の閉鎖

デンマークでは、二〇〇七年一月一日の地方自治体改革によって、日本の県に相当する一四の行政区（Amt）が五つのレギオーン（Region・改革後の新しい行政地域）になり、市町村に相当する行政区であるコムーネが二七一から九八に減少した。この大規模な行政区の改革は、県の業務（権限）を部分的にコムーネに移すことによってコムーネの住民サービスの範囲を拡大しようとするものであった。

この自治体統合によって図書館界は、多くの分館が閉鎖に追い込まれるという深刻な事態にみまわれた。居住区に均等に配置された分館は、利用者にとってはもっとも身近な図書館であり、情報へのアクセスのために基盤となる場である。だから、分館の閉鎖は何よりも利用者にとって打撃となった。

各図書館では、バスによる移動図書館を活用したり、学校や公共施設を利用した配本所を設置するなど、分館の閉鎖によって図書館の利用が困難になった利用者へのサービスを何とか維持しようとした。しかし、それでも今まで受けてきた図書館サービスの質量が低下することは否めず、図書館としてはその対応に頭を悩ませている。

## 2 デンマークの公共図書館の歴史——生涯学習の拠点としての歩み

デンマークでは、ヨーロッパの多くの国々と同様、近代的な図書館が設立されるまでは教会に付設された図書室がコミュニティにある唯一の図書館だったが、そこを利用できるのはごくかぎられた人びとであった。すべての住民に開かれた近代的な公共図書館制度が完成したのは、一九世紀後半から二〇世紀初頭にかけてであった。

デンマークの公共図書館の歴史を語るうえでもっとも重要な人物は、スティーンベアア（Andreas

Schack Steenberg・一八五四～一九二九）とランゲ（Hans Ostenfeld Lange・一八六三～一九四三）である。

　スティーンベアは、コペンハーゲン大学を卒業後、教員生活を送っていた三〇代に、生徒に読書をすすめるなかで図書館運動にかかわったことがきっかけで図書館の世界に入った。四〇代のときにイギリスとアメリカの図書館を視察したことが、スティーンベアの図書館への情熱にさらに火をつけることになった。アメリカの先進的な公共図書館システムをデンマークに導入したいという決意をもって帰国したスティーンベアは、教員をつづけながらも引きつづき図書館運動に没頭し、一九〇五年に「デンマーク民衆図書館連盟（Foreningen Danmarks Folkebogsamlinger）」（現在のデンマーク図書館協会（Danmarks Biblioteksforening））を設立した。

　スティーンベアが政府の公共図書館助成金委員会のメンバーを務めていたときに知り合ったのが、図書館運動の協力者となったデッスィン（Thomas Dæssing・一八八二～一九四七）である。二人は協力して、当時アメリカで使われていた図書館資料の分類法と目録カードの作成方法をデンマークの図書館に導入し、これがきっかけとなって図書館業務に大きな進歩がもたらされた。

　一方のランゲは、デンマーク王立図書館の司書として働いたのちに王立図書館長を務めた人物である。現在のデンマークの図書館における成功は、全国に張りめぐらされた図書館ネットワークをベースとした資料の相互貸借によるものであるが、この仕組みを最初に提唱したのがランゲである。住民の資料要求にこたえるために、「中央館と分館の相互貸借を基本としたネットワーク」と「中央図書館によるコムーネ図書館のサポート」、さらに「王立図書館による支援体制」をランゲが構想したのは二〇世紀初頭のことだった。その後、現在に至るまで、ランゲのアイディアは一貫してデンマークの図書館システムの基本理念でありつづけている。

今日、デンマークのすべての住民が居住区にかかわらず図書館の資料にアクセスできるのは、二〇世紀初頭に繰り広げられたスティーンベアとランゲによる近代図書館運動の賜物なのである。

## 生涯にわたって学びつづける熱意

スティーンベアとランゲによって進むべき道が示されたデンマークの図書館界であるが、この二人の偉大な先駆者の業績に加えて、国民一人ひとりのもつ生涯学習への熱意とそれにこたえるべく進められた生涯教育政策もまた、公共図書館の発展を後押しすることになった。

デンマークでは、一八三〇年代に教育者グルントヴィ（N. F. S. Grundtvig・一七八三～一八七二）が対話を中心とする全人教育を打ち出し、生涯教育の重要性を説いた。グルントヴィの思想は一九世紀の民衆の民主化運動に深い影響を与え、「フォルケホイスコーレ（folkehøjskole）」と呼ばれるデンマーク独自の生涯学習機関の設立に結実した（次ページのコラム参照）。

グルントヴィは、デンマーク、そして北欧全体に生涯学習の種を蒔いた人物として重要であり、

## コラム グルントヴィとフォルケホイスコーレ

グルントヴィは、デンマークの教育思想家、牧師や詩人としての活動や北欧神話の研究でも知られている。ドイツの影響が強い19世紀初頭のデンマークで、自国の文化や言語を重視する独自の教育思想を中心に人々に自立意識を説き、中産階級の農民の支持を得た。

グルントヴィの活動を通じてデンマークには生涯教育の理念が根付き、彼の思想はデンマーク社会の隅々に浸透している。今日でも、教育界を中心にグルントヴィの影響力は失われておらず、その名前をしばしば耳にする。

フォルケホイスコーレは、グルントヴィがデンマークの文化やデンマーク語を尊重する自らの教育理念を実践するために1844年に創設した、若者を対象とした成人教育のための教育機関である。フォルケホイスコーレでは、歴史や文学などを「生きたことば」によって学ぶ対話中心の教育が行われた。

現在、フォルケホイスコーレはデンマークに約80校ある。現代社会のニーズにあわせ、若者だけでなく高齢者を対象とする講座を開催したり教育内容をデザイン、環境問題、スポーツに広げるなど様々な改革を行っている。しかしながら、生活をともにしながら学ぶことや、試験を課すことなく対話をコミュニケーションの中心にするなど、教育の中核部分はグルントヴィの思想を継承したものである。

フォルケホイスコーレについては、『改訂新版　生のための学校：デンマークで生まれたフリースクール「フォルケフォイスコーレ」の世界』（清水満編著、新評論、1996年）に詳しい。

http://www.folkehojskoler.dk/

彼の影響もあって、デンマークでは社会全体が生涯学習の意義というものを早くから認識することになった。しかしながら、社会に浸透した「生涯にわたって学びつづける」という生涯学習の理念を実践に移すためには、やはり具体的な制度が必要であり、デンマークではその仕組みづくりを国が責任をもって進めてきたわけである。

具体的には、一般成人のために各コムーネに夜間でも学べる生涯学習施設が用意され、大勢の人びとがさまざまなテーマを選択して学んでいる。また、すでに手に職をもつ社会人が自分のスキルをもう一度磨き直したり、専門職に従事する人が最新の専門知識を修得しながら自らの知識をブラッシュアップしたいと思ったときに学び直す施設として、それぞれの専門職ごとに専門学校が用意されている。

このような学びの場では、何よりも自主的な学習が重視され、人びとは自らの手で情報を集め、関連する本を読んで知識を深めていっている。無料で情報にアクセスできる図書館は、まさに生涯学習にとって「要《かなめ》」とも言うべき役割を果たしていることになる。つまり、デンマークの公共図書館は、生涯学習のために用意された多様な学びを包み込むような形で、生涯学習のもっとも重要な拠点として存在してきたのである。

## 3 デンマークの図書館法——図書館サービスのための航海図

### 公共図書館法から図書館サービス法へ

図書館法は図書館の理念と実践を規定するもっとも基本的な枠組みであり、図書館サービスを立法的に裏付けるものである。デンマークで最初に図書館法が制定されたのは一九二〇年で、その後、何度か改正されている。

一九五〇年の改正では、コムーネの図書館への補助金が義務づけられ、国からの補助金と合わせて図書館活動の財政的な基盤が法的に裏付けられた。つづく一九六四年の改正では、すべてのコムーネへの図書館設置が義務づけられたのと同時に、全国にあるすべての図書館を国民が自由に利用できるようにしたことで図書館界に重要な転機をもたらした。

図書館法は、図書館の扱う資料やメディアの種類についても言及しており、一九六四年には視聴覚資料を、一九九三年には電子メディアをそれぞれ図書館資料とすることが定められた。

現在の図書館法は二〇〇〇年に改正されたものである。二〇〇〇年に改正が行われるまで、図書館法は「公共図書館法（Lov om folkebiblioteker）」という名称をもっていたが、このときの改正でその名称は「図書館サービス法（Lov om biblioteksvirksomhed）」に変わり、公共図書館だけでなく、国立図書館、大学図書館、研究図書館を対象とする法律となった。

旧法は「公共図書館の目的は、図書とそのほかの適切な資料を無料で提供することによって、知識・教育・文化の普及を促進することにある」という条文からはじまっていたが、新法ではこの部分が、「公共図書館の目的は、図書、定期刊行物、録音図書およびそのほかの適切な資料、たとえば音楽、インターネットとマルチメディアを含む電子的な情報源を提供することによって情報・教育・文化を促進することにある」という文言に変わった。新法において、図書館で提供するメディアがより広く規定され、図書館の目的が拡張されていることがよく分かる。

新図書館法の一番の特徴は、図書館の扱うメディアを取り巻く技術的・社会的動向に細かく対応して、電子メディアの本格的な導入を視野に入れたことであろう。

一九二〇年に制定されて以来、デンマークの図書館法は図書館サービスの理念を示すとともに実質的な運営のあり方を細かく規定してきたわけだが、改正を重ねるたびにさらなるサービスを提供してきたことを考えると、図書館法は図書館の運営をナビゲートするいわば海図の役割を果たしてきたとも言える。

## 図書館長は司書でなくてもいい？

旧法では、専門知識を修得した司書資格をもった者しか図書館長になれなかった。それが二〇〇〇年の法改正でこの条件が削除され、館長の条件についての記述は、「その職務にふさわしい専門的な経歴をもつこと」という表現に変わった。

なぜ、図書館長の条件から司書資格がはずされたのであろうか。一つには、コムーネにおける公共図書館の位置づけが変化したことが考えられる。コムーネのなかで、図書館が無条件で存在を認められていた時代は終わりを告げたのである。伝統ある図書館のような機関でも、いまやほかの文化機関との間で繰り広げられている運営資金の獲得競争のなかで、自らが生き残るための策を講じていかなければならないのだ。そのため、図書館長という職務には、図書館内部の運営もさることながら、外部との折衝や関係構築にかかわるスキルが要求されるようになったというわけである。

また、デンマークでは、二〇〇〇年以降とくに図書館の複合施設化が進んでいて、公共図書館の館長がコムーネの文化センターのトップを兼務するというようなケースが増えている。このような場合、図書館内部の職務に通じているだけでは不十分であり、コムーネの文化政策に明るく、運営力と統率力のある人材が求められることになる。

ただし、現在の公共図書館の館長は、まだほとんどが司書資格をもつ図書館の専門家である。むしろ、司書資格をもった館長が、高度な経営スキルを身に着けるためにマネジメントにかかわる講座を受講したり、大学で経営学を学んだりする傾向が強くなっている。また、図書館情報学学士号と経営学修士号という二つの学位をもっている館長もいるようだ。

## 図書館サービスの原点は「無料」であること

図書館サービスの無料原則は、二〇〇〇年の改正のときに冒頭部分から消えて一九条に挿入された。そして、その一九条につづいて二〇条では、「コムーネは（図書館）施設の利用、資料貸出、一般的な案内（情報提供）の範疇を超える特別な図書館サービスに対し、利用者に料金を請求することができる」という文言で、図書館サービスへの課金を認めている。この条文により、今後、特定のサービスについては有料化される可能性が出てきた。

有料サービスとしては、コンサルティングサービス、ビジネスにかかわる情報提供、有料データベースを用いた高度な情報検索などが想定されている。いずれも、図書館のもつ人的資源と資料を活用したサービスである。有料サービスは、図書館の収入源としても、また司書がもつ専門知識を活用する面でも多くの可能性を秘めている。今後、各図書館が戦略を立てて有料サービスの道筋を探っていくことになるだろう。

重要なのは、図書館法で有料サービスへの言及があるからといって、それが公共図書館の無料サービスの後退を意味するわけではないということである。「住民が、誰でも無料で情報にアクセスできること」、これは公共図書館サービスの原点である。貸出、閲覧、読書相談など、図書館内で提供される基本的なサービスが無料であることは二〇〇〇年の法改正でも維持されているし、今後も維持されていくことはまちがいない。

現時点では、資料の貸出はメディアの種類を問わずすべて無料である。課金されているのは、予約図書の到着を郵送で連絡する場合の郵便料金と、利用者が館内で利用するファックスやコピー、そして印刷などにかぎられている。

## 4 司書——デンマークの公共図書館の要

### デンマークの図書館サービスを支える司書

図書館サービスを支えるもっとも重要な要素、それは図書館コレクションでも図書館の建物でもない。図書館と資料の専門家である司書こそが、図書館サービスの要《かなめ》である。

二〇〇八年現在、デンマークの公共図書館で働く職員の総数は四六二八人である。その内訳は、司書が二二二九人、アシスタントが一九〇六人、そのほかの職が四九三人となっている。一〇年前に比べると、図書館アシスタントの数は減っている。一方、図書館情報学を専攻し、図書館サービスの専門職としての資格をもつ司書の数の増減はあまりなく、ここ数年、安定した人数を保っている。

最近では、図書館が開設しているウェブサイトの管理を行うスタッフや、図書館の企画・経営に携わる専門家を雇用する図書館も見られるようになった。デジタル化に伴う図書館サービスの高度化に伴い、資料の専門家である司書と、コンピュータやネットワークの知識をもつＩＴ専門家が連携して図書館サービスを行うようになってきたのである。

実際、デンマークの公共図書館に行ってみると司書の存在の大きさがよく分かる。どんな小規模な図書館でも、司書は直接利用者とコミュニケーションをとりながら要求される情報に的確にこたえているし、その数の多さには目を見張るものがある。

司書は利用者への情報サービスを専門に担当するスタッフであり、それ以外の職員が司書の職務にタッチすることは一切ない。図書館職員のうち、誰が司書であるのかは名札からはっきりと分かるので、図書館の利用に関して困ったことがあれば利用者は迷うことなく司書のもとに直行できる。司書は、情報サービスのプロフェッショナルとして利用者からとても信頼されているのだ。

### 司書を予約しよう！

二〇〇八年にはじまった「司書を予約しよう（Book en bibliotekar!）」というサービスは、まさにデンマークにおける司書の重要性を示していると言えるだろう。これまで図書館では、集会室や学習室、図書館内にあるコンピュータなど、図書館が提供するスペースや機器の「予約」を受け付けてきた。このような予約サービスをさらに発展させて、「司書を予約しよう」というのがこのサービスの趣旨である。

司書がいるカウンターに次から次へと利用者が訪れ、さまざまな質問をしていく光景をデンマークの図書館ではとてもよく見かける。どれぐらい混んでいるのかというと、司書が質問を受け付ける机の脇には銀行にあるような順番待ちの機械が置いてあるぐらいだ。利用者は番号札を引いて、自分の番号が壁にかかっている電光掲示板に示されるまで順番を待つという仕組みである。司書のカウンターが繁盛しているのは大いに結構なことだが、利用者のなかには、うしろに並んでいる人が気になってゆっくりと話ができないと感じる人もいる。司書を予約することができれば、ほかの利用者のことを気にせずに心ゆくまで質問ができるのではないかと考えた末に「司書を予約しよう」という新しいサービスがはじまった。図書館側では、このサービスの範囲として、図書館の利用法、インターネットの使い方、読書アドバイスなどを想定しているようである。

サービスの対象となるのは、図書館の利用の仕方に不慣れな移民や、図書館離れが目立つティーンエイジャーといったところである。三〇分から一時間かけて、司書はじっくりと利用者からの個別相談に応じる。はじまったばかりのサービスなので、現在（二〇〇八年一一月）のところはそれほど多くの予約者はないらしい。しかし、役所に提出する書類作成を手伝ってもらうためにこのサービスを利用する移民がいるということも聞いた。これから、徐々に利用が伸びていくサービスと言えそうだ。

## 専門職としての司書

デンマークの図書館で専門職として働くためには、デンマーク唯一の司書養成機関であるデンマーク王立情報学アカデミー（Det Informationsvidenskabelige Akademi）で所定の図書館情報学の単位を修め学士号を取得しその後半年間の実習期間を経験するか、あるいは図書館情報学の修士号を取得する必要がある。つまり、デンマ

番号札を取って質問の順番を待つ（フレズレクスベア中央図書館）

ークの有資格の司書は、全員が情報学アカデミーの卒業生だということである。

この学校の前身は、一九一八年に設立された王立図書館学校（Statens Biblioteksskole）で、初代校長は、先に紹介したデンマーク公共図書館の近代化に尽力したスティーンベアである。図書館学校は、養成方法やカリキュラムの改正を重ね、一九五六年に国立高等教育機関として認可された。本来、デンマークの大学は教育省（Undervisningsministeriet）の下にあるのだが、この学校はデンマーク王立修復学校（Konservatorskolen・書籍や絵画等の文化財を対象にその修復技術を学ぶ）、デンマーク王立芸術アカデミー（Det Kongelige Danske Kunstakademi）、デンマーク王立音楽アカデミー（Det Kongelige Danske Musikkonservatorium）などとともに文化省の下に置かれている。つまり、一般の大学とは異なり、「高度専門職養成のための大学」というやや特殊な位置づけとなっているわけだ。

情報学アカデミーは、コペンハーゲンの中心部から地下鉄で一〇分ぐらいのウーアスタズ（Ørestad）地区にある。ここ以外に、ユラン島のオルボー（Ålborg）にも分校がある。情報学アカデミーのカリキュラムは、伝統的な図書館学だけでなく、システム管理、データベース設計など、コンピュータや情報処理にかかわる領域に重点を置いている。そのため、情報スペシャリスト、システム管理者、データベース管理者、情報設計者、情報コンサルタントといった情報産業界に卒業後の職を求める学生も少なくない。最近は、同アカデミーの修士課程、博士課程に進学して、研究者をめざす学生も増えてきた。

現役の学生だけでなく、すでに司書として図書館で働いている人びとへの再教育を担う継続教育部門も情報学アカデミーにはあり、リカレント教育のための研修プログラムを企画・実施している。デンマークの司書にとって、この研修プログラムはとても重要な役割を果たしている。なぜなら、図書館サービスの技術的な進歩は著しく、司書として現場の最前線で働いていくためには、時代のニーズにあった新しい知識を継続的に学習していかなければならないからである。

図書館の社会的役割を学ぶ基礎的な講座から、デジタル情報サービスに関する技術的なスキルを扱う講座や図書館経営の方法論を学ぶプログラムまで、研修内容は図書館の実務

デンマーク王立情報学アカデミー

全般を網羅している（受講料は、一回の講座で二〇〇〇クローナ［約三万円］程度である）。講師は、基本的には情報学アカデミーの教員が務め、いくつかの講座は外部講師が担当している。デンマークの司書は、定期的にこうした研修に通って、自分の専門知識をブラッシュアップして図書館サービスに活かすことを心がけている。

情報学アカデミーが長期にわたって司書を継続的に養成してきたことが、今日のデンマークの高度な公共図書館サービスを支えているということはまちがいない。

## デンマークの司書がいつも元気な理由

ここでひと息入れて、デンマークの公共図書館の舞台裏をちょっぴりのぞいてみよう。今回のフィールドワークでは、司書に図書館を案内してもらう際に何度かスタッフルーム（図書館職員が休憩するために設けられた部屋）を訪れる機会があった。スタッフルームは、ちょうど一般家庭のダイニングルームを思い浮かべていただければよいだろう。コーヒーメーカーやティーサーバーなどコーヒーやお茶を入れるセットがあるのはもちろん、簡単な食事をとるための器具や食器が揃っていた。部屋には美しいカレンダーや写真などが飾られていて、とても居心地がよい。

休憩時間になると、入れ代わり立ち代わりスタッフルームに職員が戻ってきて、自分でコーヒーを入れてほっとひと息ついたり、誰かが買ってきたデニッシュやお菓子をつまむこともある。

スタッフルームで少し休憩することでリフレッシュして、また現場に戻っていく。

司書の勤務時間についても触れておこう。一般的な就業時間は週37時間であるが、日によって遅番、早番がある。夜間プログラムの担当をしたときなどは、超過分を別の日の勤務時間で調整することになっている。ちなみに、利用者と接する時間は一五時間から二〇時間で、後は事務室で業務を行っている。勤務時間内の休憩は三回（三〇分の昼食時間、一五分のお茶の時間が二回）ある。

司書は、毎日不特定多数の利用者と接するために、ストレスがたまりやすい職種と言えるだろう。また、現場では日々新しい技術が取り入れられていくため、最先端の

スタッフルームは司書の活力源（ヴィビュー公共図書館）

情報技術に関する勉強をつづけていかなければならないというプレッシャーもある。仕事中に小まめに息抜きをすることはもちろんだが、長期休暇の際にしっかり休むことも、利用者へのサービスの向上につながるのだという考え方が基本的になされているようだ。

さらに言ってしまえば、北欧では、休暇をとることは労働者の権利であり義務でもある。デンマークの司書は、法律で五週間の有給休暇が定められている。当然のことながら、司書も有給休暇を完全に消化している。長期休暇は、六月ぐらいから八月の終わりまでの間に少しずつずらしながらスタッフ全員がとるため、この時期にはスタッフの数がいつもに比べて少なくなる。

デンマークで親しくなった司書の一人は大の旅行好きで、長期休暇のたびに世界各国に出かけているらしい。つい最近は、「グリーンランドでトレッキングを楽しんできた」と話してくれた。長期休暇は、司書にとって仕事から離れて自分を取り戻し、リフレッシュして現場に戻るための重要な充電期間となっているようだ。

## 5　公共図書館と住民——図書館のよき利用者たち

これまで、デンマークの公共図書館の制度的な部分を中心に見てきたのだが、最後にデンマークの公共図書館と利用者の関係を見ておくことにしよう。図書館がどんなにすばらしいサービスを提供していても、利用者がいなければそのサービス自体が無用のものとなる。図書館の主役は、何といっても利用者なのである。

## 生涯を通じて図書館に通うということ

デンマークでは、公共図書館が人びとの日常生活のなかに溶け込んでいる。乳幼児のころは保護者と公共図書館に通い、学齢期に達すると、ごく自然に学校図書館と公共図書館を使い分けることを覚える。学生は、大学図書館と公共図書館を状況に応じて利用しているし、社会人は所属する会社や組織の図書館と公共図書館を利用している。そして、組織から離れた人びとは、再び公共図書館に通うようになる。

このように、生涯を通じて公共図書館に通うのが当たり前になっているデンマークの司書に、「今、一番悩んでいることは何ですか」と尋ねてみた。すると、「図書館が利用者にとってあまりにもなじみすぎていて、存在をほとんど気にかけてもらえないこと」という信じられないような、うらやましい答えが返ってきた。これがデンマークという所である。

## 住民参加型モデルとは一線を画すデンマークの図書館

ところで、図書館界には、図書館運営に住民が直接参加するという機会が複数用意されている。公的なルートとしては、たとえば図書館の管理と運営にかかわる議案の審議を担う図書館委員会や図書館評議会といった組織に加わって活動する方法があるし、私的なルートとしては、図書館友の会や図書館ボランティアといった民間団体のメンバーとなって活動に参加する方法がある。図書館の世界では、住民が利用者の立場から一歩踏み込んで図書館運営に参加することはごく自然なものとしてとらえられているのだ。

それにもかかわらず、デンマークでは住民による図書館運営への参加がほとんど見られない。住民と図書館の意見交換の場である「図書館住民委員会」が組織されている図書館はデンマークではとても珍しいし、図書館友の会やボランティアサークルをもつ図書館もごくわずかである。

図書館界を離れて国全体として見れば、デンマークは住民が公的サービスに参画する仕組みがよく発達している国である。行政への住民の直接参加を目指す「ユーザーデモクラシー（Bruger Demokrati）」の動きが示すように、社会のなかで個人とコミュニティのかかわりを強化し、市民が積極的に公的サービスに対して意見を述べていくための仕組みは一九八〇年代以降とても重要視されている。なお、『デンマークのユーザー・デモクラシー――福祉・環境・まちづくりからみる地方分権社会』（朝野賢司ほか著、新評論、二〇〇五年）は、デンマークのユーザー・デモクラシーについて詳しく説明している。このようなデンマークにおいて、図書館界に対しては住民参加のシステムがほとんど見られないのが不思議である。

## 図書館を利用することで図書館をよくする

そもそも、デンマークの図書館法において、図書館委員会や図書館協議会の設立は定められていない。では、市民からの図書館への要求はどのように伝えられるかというと、パブリックコメントや図書館で定期的に実施しているアンケートを通じたルートが一般的な方法となっている。また、利用者懇談会を実施したり、年に何回か対話集会を開くという図書館もある。

それ以外にも、館内にアンケート用紙を置いて図書館への意見や不満などを書いてもらうという方法もとっている。収集した意見に対して、館長が一つ一つ回答した文書が館内の掲示板に貼られるということだが、こうした方法で集まる意見のほとんどは、開館時間の延長、駐車場の増設など施設の物理的な状況に対する要望が多く、図書館の運営やサービスに関する意見はあまりないという。いずれにせよ、図書館では、住民から意見を吸い上げるルートはかなり限定的なものになっていると言えそうだ。

図書館以外の公的機関ではよく発達している住民委員会の制度が、図書館でほとんど見られないのはなぜだろうか。その理由の一つとして、デンマークの図書館システムと専門職が、それだけ揺るぎない制度をもっていることが挙げられる。デンマークの公共図書館は、高度な専門知識をもつ司書のリーダーシップの下で自律的に運営されている。このような状況に不満をもつ住民は少ないので、住民委員会という形で運営参加をしようとは思わないのだろう。

## ボランティアがいないデンマークの公共図書館

デンマークの公共図書館運営の自律性の高さは、図書館におけるボランティア活動に焦点を当ててみると一段とはっきりする。

図書館サービスの先進国アメリカでは、住民は利用者として図書館を利用するだけでなく、図書館にかかわるさまざまな活動に参加することで図書館を支援してきた。

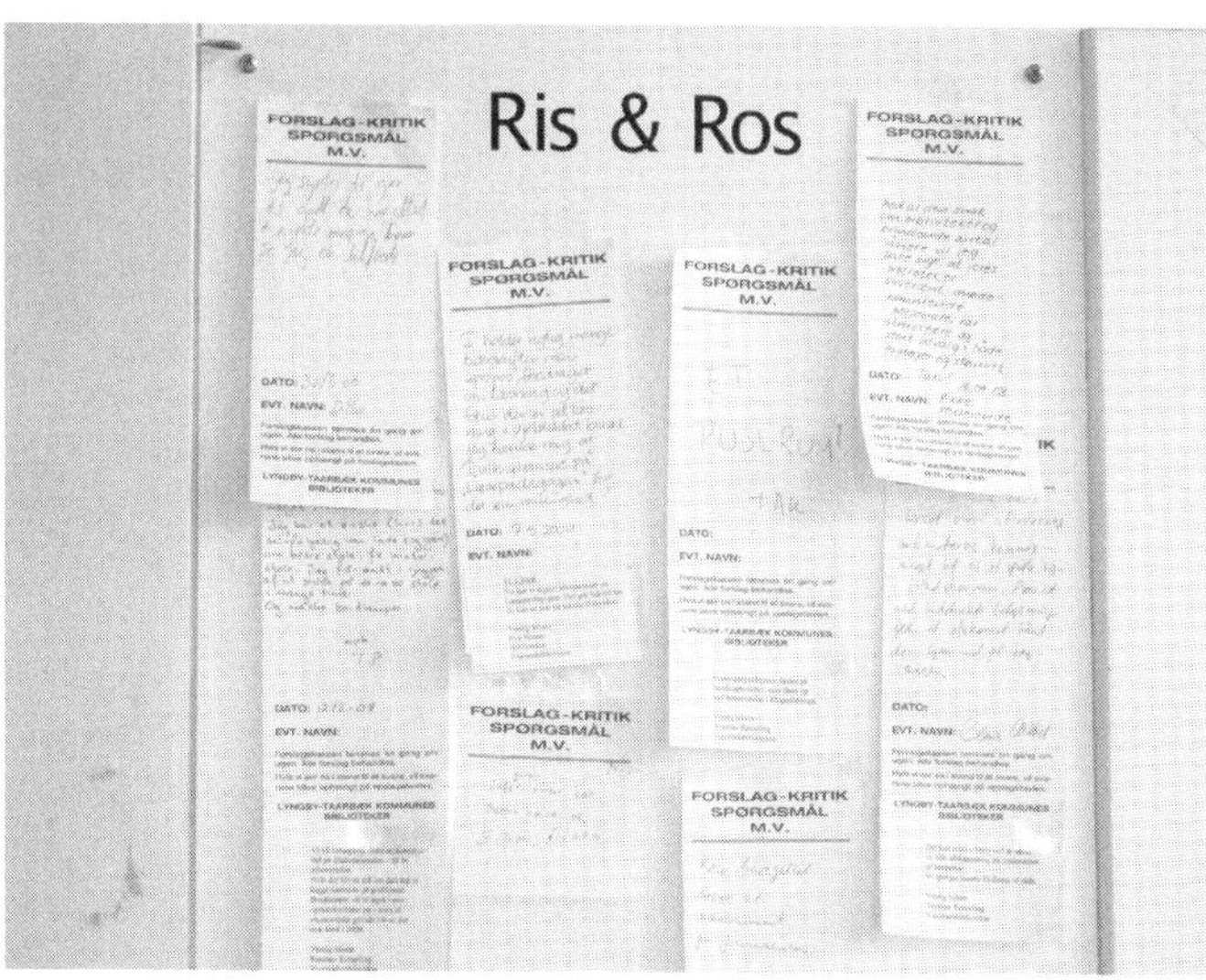


館内に提示された利用者の声（ルングビュー図書館）

たとえば、民間の草の根組織である「図書館友の会」がブックセール、バザーなどを通じて図書館への寄付金集めをして図書館を支援するほか、ボランティアは図書館内で図書館ガイドツアー、書架整理、資料整理などの補助的な業務を担当してきた。「いまや、ボランティアなしの図書館運営は考えられない」というのが、アメリカにおける一般的な図書館界の状況である。

一方、デンマークの図書館では、住民による業務支援は「存在しない」。図書館業務は専門職務として位置づけられており、図書館ボランティアという概念そのものが存在しないのだ。実際、図書館業務に携わるのは専門職である司書と、それ以外の特定業務を担当する職員にかぎられている。もちろん、デンマーク図書館職員組合（Bibliotekarforbundet）もボランティアの導入に対しては強く反対をしている。

このようなデンマークでも、ボランティア活動が活発に行われている分野がある。たとえば、高齢者問題にかかわる住民委員会の全国組織である「高齢者問題全国連盟（Ældre Sagen）」はボランティア活動を積極的に推進している。しかし、その場合でも、専門職とボランティアスタッフの役割分担が非常にはっきりしている。介護サービスの専門職が行うべきことをボランティスタッフが代行することは決してない。ボランティアが行うのは、高齢者の話し相手となることや外出、そして家事の手伝いなどにかぎられており、当然のことながら医療行為は行わない。

つまり、北欧においては専門職とボランティアの業務は完全に分離されているのだ。公的サービスにおける専門職の役割が確立していて、専門知識をもたない者が業務に携わることはできないことになっている。図書館業務もすべて専門領域と見なされ、そこに非専門職がかかわることはありえないのだ。

結論を言ってしまおう。デンマークの住民にとっては、「図書館を使うこと」がほとんど唯一の図書館への参加活動である。しかし、高度に発達したデンマークの図書館界にも、住民側からの図書館への働きかけ、すなわちユーザーデモクラシーの視点が重要であることは言うまでもない。図書館運営に住民がまったく関与しないというこれまでのスタイルが、今後変わっていく可能性は十分にあるだろう。現に近年、公的サービスへの新たな経営手法が導入されるなかで、図書館と住民が新たな関係を築いていこうとするきざしが少しずつ現れている。そうした活動が今後どのように展開されていくのかを、興味深く見守りたいと思う。

## デンマーク公共図書館の三つの大きな特徴

ここまで、デンマークの公共図書館の概況や歴史、法制度、人的資源など、図書館を支える制度全般を見てきた。その特徴は、以下の三点にまとめることができるだろう。

一点目の特徴は、住民の生涯学習支援を図書館の存在理念として掲げ、すべての住民が平等に情報にアクセスすることを目標として掲げてきたことである。この目標を達成するための具体的方策として、デンマークでは図書館ネットワークの構築を優先した。その結果、どこに住んでいても、高水準の図書館サービスを受けることができる体制ができあがった。

二点目の特徴は、公共図書館が公的サービスとして社会のなかで確固たる位置づけをもっていることである。これは、グルントヴィの教育思想を理念的な基盤として、デンマークが国の政策として生涯学習のための環境整備を継続的に行ってきたこととも関係している。生涯学習の拠点として図書館が社会的に認められることで、図書館サービスの公的財源と専門職制は揺ぎないものになっている。また、市民一人ひとりが、コミュニティにおける図書館の重要性と司書の専門性を理解して支持している。

そして、三点目の特徴は、一九二〇年に制定されたデンマークの図書館法が定期的に改正されることで時代の流れにあった内容を保持し、同法に沿って実際の活動が展開されているという点である。法改正では図書館を取り巻く環境の変化が十分考慮されており、図書館法は、社会全体の動きにあわせて図書館サービスを展開していくための重要な指針となってきた。

これら三点は、充実した図書館制度を維持していくための普遍的な原則とも言えるが、これらの特徴をすべて兼ね備えているのは、北欧諸国のなかでもデンマークの図書館のみである。デンマークが「北欧諸国のなかでもっとも成熟した図書館制度をもつ国」と言われるのは、こうした原則が維持されてきたからである。

第2章

# デンマークの公共図書館サービスの実際

——サービス・施設・プログラム

明るい陽射しでいっぱいの閲覧席（ヴァンルーセ図書館）

デンマークの公共図書館のサービスレベルや利用率の高さは世界的に見てもかなり高いのだが、いったいその秘密はどこにあるのだろうか。本章では、デンマークの公共図書館についてもっと知るために、実際に行われているプログラムに着目しながら図書館サービスの現状を見ていきたい。そして、デンマークの公共図書館がめざす二一世紀の新たな図書館サービスの世界を少しのぞいてみることにしよう。

# 1 なぜ、デンマークの公共図書館は人気があるのか

## 公共図書館がにぎわう理由

デンマークでは、図書館法によって、すべてのコムーネに公共図書館の設置が義務づけられている。情報へのアクセスと民主的な議論の基盤を支える文化機関として、図書館はデンマーク社会に深く根づいていると言ってよいだろう。本を読むことと図書館を利用することはいわばセットになっていて、日常生活のなかに「図書館通い」がごく自然に組み込まれている国、それがデンマークなのである。

なぜ、公共図書館がこれほどポピュラーな存在になったのだろうか。それにはいくつかの理由

が考えられる。第1章で記したように、まず、デンマークでは居住している地域に関係なくどこにいても平等に図書館サービスを受けられることが挙げられる。このことは、デンマークに住む者の権利として図書館法によって規定されている。また、学校図書館を幼いころから利用しているためか、図書館が人びとにとって身近な存在となっている。学校図書館では、蔵書量が多い公共図書館を使うように日ごろから子どもたちにアドバイスをしていて、授業中にクラス単位で公共図書館に行くこともよくある。

北欧らしい理由としては、秋から冬にかけて「暗い時間」が長いために屋内での読書時間が増え、そのために図書館でいろいろな本を借りて読むようになったということも考えられる。また、本の値段が高いために、図書館で借りて読むことが習慣になってしまったという指摘もよく聞かれるところだ。ほかにもさまざまな理由があるだろうが、これらの要因が重なりあって図書館の利用を活性化させていると思われる。

もちろん、デンマークでも人によって図書館の利用頻度には違いがある。毎週欠かさず図書館に通う人もいれば、一年に一回も図書館に行かないという人もいる。それでも、図書館を利用する人の多さは私の想像をはるかに上回っていた。年代性別を問わず、みんなが本当によく図書館を使っている。仕事上がりの国鉄の職員も、サッカー帰りの少年も、五〇年以上連れ添った夫婦も、出会って間もないカップルもみんな図書館にやってくるのだ。

## 公共図書館はうるさい場所？

デンマークの公共図書館は、もはや静かな場所ではない。図書館に入って最初に聞こえるのが人びとのざわめきである。公共図書館は、来館した利用者同士が自由におしゃべりをするにぎやかな空間に変わりつつある。多くの図書館には「静寂コーナー」が設けられ、シールなどを貼って、話をしてもよいほかの空間と区別している。言い換えれば、「静寂コーナー」以外のすべての場所では自由におしゃべりをしてもよいということである。ちなみに、ほとんどの公共図書館では飲食も許されているので、自分の持ち込んだ飲み物やランチを取りながら長居をする人もたくさんいる。

二〇世紀初頭、北欧諸国に近代的な公共

熱心に本を選ぶ利用者（ルングビュー図書館）

図書館ができたころは、かなり教育的な色彩の強い施設であった。そこは、良書を提供することで人びとを教え導く厳格な教育の場所となっていた。しかし、伝統的な公共図書館の理念は時代とともに徐々に変わっていった。いまや公共図書館は、学習から娯楽に至るまで、コミュニティのあらゆる知的要求を満たす場所へと変化を遂げ、その結果、公共図書館は幅広い利用者を獲得して地域の情報拠点として親しまれるようになった。

ここからは、図書館をめぐるさまざまな変化に着目しながら、デンマークの公共図書館の多彩なサービスを紹介していくことにしたい。

静寂コーナーを示す掲示（コペンハーゲン中央図書館）

# 2 図書館サービスの実際——専門職による情報提供とセルフサービス

## 季節によって変わる開館時間

デンマークにおける公共図書館の開館時間を、コペンハーゲン中央図書館を例に挙げて説明しよう。開館時間は、月曜日から金曜日までが一〇時から一九時までで、土曜日は一〇時から一四時となっている。ただし、土曜日の閉館時間は、一〇月一日から三月三一日までは一六時までと二時間延長されている。図書館によって開館時間は異なるし、分館のなかには午後だけ開館する所や、かぎられた曜日のみ開館する所もある。そして、日曜日は基本的に閉館となっている。

興味深いのは、日照時間が極端に短くなる一〇月から三月までの冬の間は、開館時間を延長したり、日曜日に開館する所が多いことである。これは、室内で過ごす時間が多くなる秋から冬にかけては人びとの読書時間が増えるという、北欧のライフスタイルに合わせたものである。

## 図書館の利用登録

デンマークで住民登録(1)をすると、社会保障番号カード（Sundhedskort）を取得することができる。このカードは、医療をはじめとする公的サービスを受けるための身分証明書となり、デンマークに住んでいれば、運転免許証と同様、誰もがこのカードを携行している。図書館の利用登録に使われているのも、この社会保障番号カードである。

このカードと写真付きの身分証明書をカウンターに提示すれば、その日からさまざまな図書館サービスをすぐに受けることができる。旅行者のように住民登録をしない人が図書館を利用する場合は、写真付きの身分証明書（つまりパスポート）で臨時の図書館カードを発行してもらうことになる。

登録が終了すると「ユーザーＩＤ」が発行され、その場で好みの「パスワード」を決める。自分が借りている資料の確認や延長、図書の貸出予約、データベースの利用を行うときなどには、この二つの番号を入力しなければならない。

資料の貸出・返却・予約は、館内に設置されている自動貸出機と自動返却機で行うのだが、それを操作するときにも先ほどのユーザーＩＤとパスワードが必要となる。図書の貸出期間は四週

---

(1)　滞在・就労許可ビザを取得して、デンマークに住む場合、到着後、住民登録局（Folkeregisteret）で住民登録をする必要がある。現住所や勤務先など必要な情報を申請書に記入したうえでパスポートを示して住民登録を済ませると、プラスチックでできた白地に黄色のカードが受け取れる。これが社会保険番号カードである。このカードには、生年月日と四桁の番号からなる「ＣＰＲ」と呼ばれる社会保険番号が記入されている。このカードは、病院で治療を受ける際に診療費用の公的補助を受けるための証明書となる。

間、視聴覚資料は二週間ぐらいという所が多い。貸出期限をすぎても資料を返却しなかった場合には罰金が科されることとなっている。図書館における延滞料の徴収については図書館法でも明記されており、具体的な料金は各館の「図書館規則」で定められることになっている。参考までに、コペンハーゲン中央図書館の延滞料を示すと**表2－1**のようになる。

デンマークの図書館では延滞料を払ったり、図書館の除籍図書を購入する利用者との間で現金の授受が日常的に行われているため、カウンターにキャッシャーが置かれている所が多い。なお、延滞料はクレジットカードで支払うことも可能となっている。

## さまざまな資料が貸し出されている

貸し出される資料は、図書や雑誌、視聴覚資料にとどまらない。最近では、CD－ROMやDVD－ROMなどのデジタル資料の貸出が増加しているし、児童図書室では積み木やパズルなどの玩具も貸し出されている。また、図書館によっては絵画の貸出サービスを行っている所もある。

デンマークの公共図書館は、新しいメディアが出るたびにいち早くそれらを取り入れて利用者に提供している。だから利用者は、図書館に行きさえすれば常に新たなメディアに接することができる。とはいえ、すべての利用者が新しいメディアを求めているわけではない。古いタイプの

表2－1 コペンハーゲン中央図書館の延滞料金

| 延滞日数 | 金額（18歳以上） | 金額（18歳未満） |
|---|---|---|
| 1～7日 | 12クローナ（約180円） | 6クローナ（90円） |
| 8～14日 | 50クローナ（約750円） | 20クローナ（300円） |
| 15～21日 | 80クローナ（約1,200円） | 35クローナ（525円） |
| 22～30日 | 120クローナ（約1,800円） | 55クローナ（825円） |
| 31～40日 | 170クローナ（約2,550円） | 80クローナ（1,200円） |
| 40日以上 | 210クローナ（約3,150円） | 105クローナ（1,575円） |

コペンハーゲンコムーネ図書館のウェブサイトより作成。
出典：http://bibliotek.kk.dk/files/file_attachments/24._november_2009_-_1325/rates.

資料の貸借はセルフサービスで（ウスタブロー図書館）

メディアを好む人びともまだまだたくさんいるので、新旧のメディア両方を視野に入れたサービスを心がけている。これを端的に示すのが、デンマークの公共図書館には必ずと言ってよいほど置いてあるカセットテープの資料である。デンマークでは、いまだにカセットテープを好む利用者が意外と多いのだ。

## 利用者のさまざまな要求にこたえる

図書館の世界では、資料に関する専門家である司書が利用者の情報要求に対して専門的な立場からアドバイスを行うことを「レファレンスサービス」と呼んでいる。司書は、専門的な知識と図書館にある膨大な資料を駆使して、利用者から寄せられる

音楽視聴コーナー（ヴェスタブロー図書館）

さまざまな質問に答えている。このレファレンスサービスは、資料の提供と並んでデンマークの公共図書館のもっとも重要な仕事となっており、コペンハーゲン中央図書館の場合は、五つあるフロアーすべてに司書が常駐するレファレンスコーナーが設けられている。この仕事は有資格者の司書のみが担当し、それ以外の職員が行うことはない。また、このサービスはインターネットを通して自宅にいながら受けることも可能となっている。

デンマークの公共図書館サービスは、基本的にコンピュータを介して行われている。予約図書の到着、貸出期限の超過などを知らせる連絡は、携帯電話やパーソナルコンピュータのメールアドレスに送られている。

レファレンスカウンター（ルングビュー図書館）

メールを使っていない利用者には葉書で連絡をしているが、その場合、郵便料金は利用者が支払うことになっている。つまり、コンピュータを利用することが図書館を利用する前提条件となっているのだ。

デンマークでは、図書館にかかわらず日常生活におけるさまざまな場面でコンピュータの利用が必要不可欠となっている。そのため、多くの図書館ではコンピュータ講座を開くなどして、利用者のコンピュータスキルの修得を積極的に支援している。

図書館のホームページを経由して利用できるサービスもどんどん増加中である。先に述べた貸出状況の確認・予約・更新などの手続きや、クレジットカードで延滞料の支払いをするだけでなく、図書館が契約している各種のデータベースにアクセスしたり、電子書籍を自宅で借りて読んだり、「ネットミュージック（netmusic.dk）」という音楽専用サイトから曲をダウンロードして聞くことも可能になった。今後は、映画など動画のダウンロードサービスが予定されている。

## 住民のニーズに合わせた分館サービス

デンマークにおけるコムーネの図書館システムは、基本的には「中央館」と複数の「分館」から構成されている（三〇ページの**図1－1**を参照）。中央館は、その名の通りコムーネの中心となる図書館である。蔵書も豊富で、病院にたとえるならば総合病院のようなものである。そして、分館のほうは、住民が身近にアクセスできる図書館として地域に密着したサービスを行っている。こちらのほうは、かかりつけのお医者さんのようなものと言えば雰囲気が伝わるだろうか。たとえば、デンマークの公共図書館で現在力を入れている宿題支援や法律相談、そして健康相談などのサービスは分館で行われていることが多い。

分館は中央館のミニチュア版ではなく、それぞれが独立した存在であり、地元で必要とされる情報ニーズにあったサービスを提供している。子どもの利用者が多い地域では児童サービスに力を入れているし、高齢者が多い図書館では高齢者サービスに重点を置いている。地域に根ざしたサービスは、利用者との距離が近い分館ならではの

分館の多くはこんなのどかな場所にある（コペンハーゲン近郊カールスロネ）

ものである。実際に、分館では司書と利用者が親しく言葉を交わしているという場面によく遭遇する。

## どこに住んでいても本が届く——図書館ネットワーク

自分が住む地域の図書館に読みたい資料がない場合でもあきらめる必要はない。第1章で述べたように、「Bibliotek.dk」という検索システムを使って全国の図書館が所蔵する資料を探すことができる。

自分の求める資料がほかの図書館で見つかった場合、図書館ネットワークを利用して地元の図書館に無料で届けてもらうことが可能である。デンマーク国内に所蔵がなくノルウェー、スウェーデンから資料を取り寄せる場合、料金はかからない。それ以外の国から取り寄せる場合は、一冊につき五十クローナ（約七五〇円）かかる。

図書館ネットワークの話が出たついでに、公共図書館以外の図書館についても少しだけ触れておこう。デンマークには、二〇〇八年現在、一八五館の学術図書館（大学図書館や研究所の図書館）がある。このうち、国立図書館と大学図書館は誰でも利用が可能である。専門図書館（特定のテーマにかかわる資料を集めた図書館）も、その大部分が一般市民に公開されている。公共図書館にかぎらず、デンマークでは大学図書館や専門図書館も驚くほど敷居が低いのである。

## 3 公共図書館の施設――人びとが図書館に引きつけられる理由

### 居心地のよい空間が人びとを引きつけている

図書館で快適に過ごすためには、椅子・机・書架などの什器《じゅうき》やインテリアが重要な役割を果たしていることは言うまでもない。この点で北欧の図書館は、世界でもっとも高い水準にあると言ってもよいだろう。長い冬を屋内で気持ちよく過ごすための工夫を積み重ねてきた北欧の家々は、家具のデザインに加えて室内装飾の配色センスが抜群に優れている。それは図書館も例外ではなく、どこの図書館を見ても温かみのあるインテリアが心地よい空間をつくりだしている。

書架の片隅やコーナーには、デンマークが誇るデザイナー、ハンス・J・ヴィーイナの(2)「ワイチェアー」やアーネ・ヤコブセンの(3)「セブンチェア」がさりげなく置かれている。館内のすべて

(2)　Hans J. Wegner（一九一四～二〇〇七）デンマークの家具デザイナー。生涯で五〇〇種類以上の椅子をデザインし、代表作となったYチェアーをはじめとする数多くの名品によってデンマークデザインを世界に知らしめた。

の場所で快適に読書ができるように、各コーナーはそれぞれ異なる雰囲気を醸し出している。

こうした心地よい空間を生かしたプログラムが、図書館にはたくさん用意されている。たとえば、冬になると開かれる「編み物カフェ」は、北欧の公共図書館の定番プログラムとなっている。参加者たちは編み物の道具をたずさえて図書館にやって来て、おしゃべりをしながら編み物を楽しんでいる。

**読書に誘うしかけ**

一般的に北欧の人びとは読書が大好きで、電車の中でもカフェでもよく本を読んでいる。読書欲が旺盛な人びとにさらなる読書

チェスもできるテーブル（ソルヴァン図書館）

を促すことが、公共図書館の使命であり、各館の運営方針にも、読書振興が最重要課題として掲げられていることが多い。それが理由であろう、館内には利用者を読書に誘うためのしかけが随所にされている。

まず、館内での本の展示の仕方である。これは、図書館からのメッセージを利用者に伝えるもっともダイレクトでシンプルな方法であるだけに、各館とも工夫をこらしている。新刊書の展示はもちろんのこと、季節ごとにさまざまな展示が行われている。

クリスマスが近づく一一月になると、クリスマス関係の本をたくさん載せた展示デスクが図書館の一番目立つ所にどんどんと置かれる。デンマークでは、クリスマスが一年でもっとも重要な行事といっても過言ではない。室内を飾るクリスマスデコレーションの本やクリスマスツリーの飾り付けの本、そしてクリスマス料理を紹介している本などが人びとを魅了している。クリスマスがすぎて新年を迎えると、「新しい年……あなたは何に挑戦しますか」というポスターとともにヨガ、マラソン、禁煙、ダイエットの本が置かれるというように、季節の移り変わりを図書館の展

（3）Arne Jacobsen（一九〇二〜一九七一）デンマークの建築家・デザイナー。コペンハーゲンにあるＳＡＳロイヤルホテルや、デンマーク銀行などの設計で知られる。一九五五年に設計され、ヤコブセンの名声を不動にした「セブンチェア」は、今でも数多くの公共図書館が使用している。

示で感じることができる。

ある日、道路に面した展示コーナーに新刊書籍などが置かれていたのを目にした。図書館を訪れた利用者だけでなく、どうやら道行く人に向けても図書館の資料をアピールしているようだ。散歩の途中に魅力的な本を見つけて図書館を訪れる人がいるかもしれないという、期待を込めた演出である。

また、最近よく見かけるようになったのが、「読者から読者へ（Fra læser til læser）」というコーナーである。これは、利用者が別の利用者に本を推薦するシステムで、次のような仕組みになっている。

利用者が図書館で借りて読み終わった本のコメントを、図書館のウェブサイトに送

クリスマス関連図書の展示（エスペルゲーオ図書館）

る。図書館では、ウェブサイトに送られてきたコメントを掲載すると同時に、該当する本を「読者から読者へ」というコーナーに感想文とともに展示するというものである。ウェブサイトに掲載される時点で個人の名前は削除され、利用者の個人情報を守りながら、利用者同士を結び付けるというユニークな試みである。

ある図書館では、「ほかの人が返した本を借りてみませんか」というコーナーを設けていた。たしかに、ほかの利用者が読んだ本というのは魅力的である。返却されたばかりの本には、前の利用者の余韻が残っているように感じられることがある。そのような生きた本を積極的に展示して、借りてもらおうという発想がなかなかおもしろい。

## スリル満点——除籍図書セール

古い資料と新しい資料を定期的に入れ替えて、コレクション全体の新陳代謝を図ることは図書館コレクションを魅力あるものにするためにとても重要なことである。何よりも、図書館の物理的スペースにはかぎりがある。だから、新しい資料を受け入れるために図書館は、常に本を書架から取り除いて廃棄していかなければならない。実際、廃棄対象となる資料は毎年かなりの数に上る。北欧の公共図書館では、これらの資料は、利用者に売却することが慣例となっている。

コペンハーゲン中央図書館の場合、除籍図書セールは三日間かけて行われ、初日から最終日にかけて値段がどんどん下がっていく。この方法は、セールを楽しみにしている利用者にとってはかなりスリリングなものである。なぜかと言えば、セール初日にはお目当ての本がたくさんあるが、最終日に比べると高い値段で購入しなければならない。逆に最終日はと言えば、めぼしい本はなくなってしまうのだが価格はぐっと安くなっている。このスリルある仕組みによって、セールが開催されている間は何度も図書館に通ってしまうのである。セールの開催期間中、図書館はいつもに増して大にぎわいとなる。しかも、セールは道路に面したガラス張りのコーナーで行われるので、道行く人が人混みに気付いてセールに参加することも多いらしい。

除籍図書コーナーを常設している図書館もある。なかには、CD－ROMの空のケースを一クローネで売っている図書館さえある。図書はまだしも、普通なら捨ててしまうようなものまで売却する感覚に正直言って最初はかなり違和感があった。だが、デンマークでの暮らしに慣れるにしたがって、図書館が不用品も含めていろいろなものを売ることへの抵抗感は次第に薄れていった。

というのも、デンマークでは蚤の市やフリーマーケットが盛んで、週末となればどこかでマーケットが開かれている。扱われている商品は玉石混交で、そのなかからお気に入りの品物を探し出すというのがフリーマーケットの醍醐味だが、デンマークの人びとはどうやら好んでそういう場所で買い物をしているようだ。むやみにモノを捨てないという考え方自体がデンマークに根付いているようで、中古品を買うことにまったく抵抗がないといった様子である。私にとっても、フリーマーケットめぐりは週末の楽しみの一つになった。

ちなみに、セールで得た売上金はそのまま図書館の収入となる。これは資料購入費として使われることが多いので、古い本はその使命を終える最終段階まで図書館のために活躍することになる。

## 古い建物が図書館に大変身

次は、図書館の建築に目を向けてみよう。一般に、北欧諸国のなかで個性的な図書館建築が多いと言われているのがフィンランドやノルウェーである。フィンランドでは、有名建築家であるユハ・レイヴィスカ(4)の設計した「ヴァリラ図書館(Vallilan kirjasto)」などがよく知られている。また、ノルウェーには、図書館の建設予定地で発見された修道院の遺跡をそのまま館内に残して設計されたテンスベルグ・オ・ネッテレー図書館(Tønsberg og Nøtterøy Bibliotek)があり、その大胆な発想に驚かされる。

---

(4) Juha Leiviskä(一九三六～)フィンランドの建築家。一九六七年に自らの事務所を設立し、数々の建築を手掛けている。一九八四年に設計されたヘルシンキのミュールマキ教会(Myyrmäen Kirkko)が代表作である。

北欧のほかの国々の図書館に比べると、デンマークの図書館はどれも似通っていて個性がないと評されることが多い。建築の専門家に言わせれば、デンマークの図書館はフィンランドやノルウェーのようにあっと驚くような発見がなく、まったくおもしろみがないらしい。

私自身は、理想の図書館の条件を「誰にとってもアクセスしやすいこと」だと考えているので、平屋を基本とするデンマークの図書館建築はとても好ましいと思えるのだが、建築家からするとまた違ったイメージがあるのだろう。

そんな「おもしろみのないデンマークの図書館」に、最近になって注目すべき建築スタイルが出現しはじめた。それは、古い

修道院跡を残したノルウェーの図書館(テンスベルグ・オ・ネッテレー図書館)

建物を改修した図書館である。デンマークには古い建物が数多く残っているのだが、築一〇〇年以上となる建築物の外観はそのままにして、内部を改修して図書館にしてしまうというものである。

外側から眺めているとデンマークによくある石造りのがっしりとした建物なのだが、中に入ってみると最新のインテリアや什《じゅう》器《き》で空間がまとめられていて、そのコントラストがなんとも刺激的で楽しい。地域で古くから使われてきた建物が図書館に生まれ変わり、図書館にいながらにして町の歴史を感じられるという点でも、地域の住民が喜んでいることがうかがえる。

改修された図書館の内部（ヴァルビュー図書館）

## 4 公共図書館の市民向けプログラム――誰もが気軽に参加している

コンピュータや携帯電話など、さまざまな電子メディアが生活の隅々にまで浸透し、インターネットから多くの情報を得ることができるようになった現在、書物の提供を中心としてきた図書館の今後の役割について、国際的にも議論が高まっている。

もちろん、デンマークの図書館界も例外ではない。図書館から利用者が離れはじめていることに司書は危機感を募らせているし、コミュニティのなかで図書館が存在感を発揮するためにはいったいどうしたらよいのか、一人でも多くの住民に来館してもらうためには何をすべきなのかと、司書たちは日々頭を悩ませている。

利用者を集める戦略の一つとして、公共図書館ではバラエティに富むさまざまな催しを行っている。デンマークでは公民館といった施設がないため、公共図書館がコミュニティの文化活動の主要な部分を引き受けているわけだが、それにしても図書館で実施されるプログラムは実に多彩である。ここからは、デンマークの公共図書館で開催されているプログラムを見ていくことにしよう。

## 伝統的な定番プログラム

デンマークの図書館の定番プログラムとしては、講演会、展示会、読書会、学習会、コンサート、映画上映会などが挙げられる。どの図書館も魅力的なパンフレットを作成しており、プログラムへの参加者を募っている。

プログラムへの参加は基本的に無料で、当日であっても自由に参加できる催し物と、あらかじめ参加予約が必要とされるものがある。手元にあったコペンハーゲン近郊のトーンビュー中央図書館（Tårnby Hovedbiblioteket）の二〇〇八年秋・冬のプログラムには、「一〇歳から一〇〇歳までの編み物カフェ」、「子どものためのダイエット講座」、「オペラを楽しむ」、「著者と出会う」、「両親のチームワーク講座」などの企画が並んでいた。村上春樹著の『海辺のカフカ』を取り上げた読書会もあったが、作家による講演会や参加者がさまざまなテーマの本を取り上げて語り合う読書会などは、図書館がもっとも得意とするところである。

子ども向けのプログラムとしては、読み聞かせ、映画上映会、工作、コンサート、子ども劇場、展覧会などが常時児童室で行われている。「幼い時期に図書館を使う習慣をつけた子どもは、生涯にわたって図書館のよき利用者となる」という信念は、デンマークの図書館では揺るぎないものとなっている。

出生率が増加しているデンマークでは、乳幼児と保護者を対象とした「ベビーカフェ」と称するプログラムを実施している図書館も増えてきた。ベビーカフェでは、「リズム体操」、「ベビーマッサージ」、「乳歯の手入れ」といったテーマで、歯科医や保健師の専門的なアドバイスやカウンセリングを受けることができる。もちろん、これらのプログラムもすべて無料である。

子育て中の保護者にとって、図書館は子どもと充実した時間を過ごすための格好の場所である。図書館の児童室は、保護者に連れられて来た学齢期前の子どもたちで毎日大賑わいとなっている。育児休暇中なのだろうか、子ども連れの男性が日立つのもデンマークならではの光景と言えるだろう。

お茶を飲みながら講演を聴く（オールボー図書館）
（出典：『北欧公共図書館雑誌』2009年４号表紙）

## 公共図書館と学校図書館の見事な連携

デンマークではすべての義務教育機関に学校図書館が設置されているので、就学年齢に達した子どもたちは必ず学校図書館を利用することになる。学校図書館には、教員資格と図書館に関する専門知識をもつ「司書教諭」が常駐しており、子どもたちが図書館を利用する際にさまざまな相談に乗るほか、学校図書館の資料を用いた授業の立案や実施にもかかわっている。

学校図書館の資料は読み物よりもむしろ学習教材が中心となっており、それらは授業のなかで積極的に活用されている。また、学校図書館だけでは資料が足りないときには公共図書館の資料を利用することや、何か分からないことがあった場合は公共図書

楽しい雰囲気の児童室（ヴァルビュー図書館）

館の司書に相談するように司書教諭が促している。こうして学齢期の子どもたちは、学校図書館を通じて図書館の仕組みや公共図書館と学校図書館のそれぞれの役割について理解し、図書館に親しんでいくのである。

学校図書館は、主に学習のための資料と教材を供給する学習資料センターとして機能している。一方、公共図書館の児童室は読み物を中心とした娯楽的なものから学習資料まで幅広い資料を提供しているので、両者の性格はかなり異なると言える。制度的に見ても、学校図書館は教育省、公共図書館は文化省というように管轄が別となっている。しかしながら、両者の連携は図書館法にも謳われており、協力して子どもの読書を支えてきた。

実際に、クラスで公共図書館を訪問して読み物を選んだり読書をしたりする機会が、授業時間内に設けられている。デンマークの子どもたちが図書館に親しみ、その後、生涯にわたって図書館のよき利用者となるのは両者の連携の賜物と言えるだろう。

## 生涯学習が盛んな国デンマーク

デンマークは、生涯学習が盛んな国である。一人ひとりの学習意欲が強いということもあるが、生涯にわたって学びつづけるための制度が社会的に整備されていることが関係しているようだ。何らかの理由で公教育を受けることが適わなかった大人を対象とするプログラム、職業人向けのスキルアップを目指すプログラム、余暇時間の多い高齢者向けのプログラムなど、あらゆる世代を対象にした多彩な生涯教育プログラムが用意されている。

デンマークのもっともユニークな生涯教育機関は、第1章ですでに紹介したグルントヴィの構想に基づき、一八四四年に若者を対象に創設されたフォルケホイスコーレだろう。そのほかにも、成人が学ぶためのチャンスがいろいろと用意されている。ＦＯＦ[5]やＡＯＦ[6]といった生涯学習推進のための全国組織が提供する講座は、文化、芸術、語学、スポーツなどのあらゆる領域をカバーしている。

日が短くなって夜の時間が長くなると勉強シーズンの到来で、秋が深まるころ、各住居のポストにはＦＯＦやＡＯＦのプログラムが投函される。人びとは、そのパンフレットを見ながら、「こ

(5) 一九四二年に市民の自己啓発のために設立された団体。さまざまな知識の修得によって市民自らが継続的に教養を高めながら、自己成長と社会成長をめざすことを目標に掲げ、約八〇のコムーネで学習と体験に基づく市民教育講座を開いている。夜間講座が中心で、テーマは、学術的な内容から趣味や体力づくりに至るまで幅広く設定されている。

(6) 一九二四年に市民の文化的啓発のために設立された団体。デンマーク全土で夜間学習を中心とした教養講座を開催している。キャリアアップから娯楽を目的とするクラスまで講座がカバーする範囲は広い。近年は、健康や生活に密着したテーマ、就業支援に特化した講座に力を入れている。

の秋は日本語を習いに行こう」とか「ワインの種類について詳しくなろう」とか「ヨガをはじめよう」などと冬の計画を決めて、公立学校の校舎を借りて開催される活動に参加するのである。

公共図書館は、こうしたデンマークの多彩な生涯学習機会の一つとして位置づけられるのだが、プログラムのほとんどが無料で提供されているところが最大の特徴である。金銭的に余裕がなくて有料の生涯学習プログラムを受講することができない人でも、図書館の講座や学習会を通じて興味ある主題についての知識を得ることができるし、図書館の資料を使って独学で学びつづけることができるのだ。

## コンピュータの使い方は図書館で習おう

デンマークの図書館では、基本的にコンピュータを通じてサービスを受けるため、図書館を利用するということは、すなわちコンピュータを利用するということを意味する。もちろん、コンピュータ操作に慣れていない利用者や、これまであまりコンピュータに触れたことのない高齢者に対しては職員が随時使い方を教えている。しかし、図書館を十分に活用するためには、利用者自身が操作できるにこしたことはない。

このような理由もあって、どこの図書館でも必ずコンピュータ講座を開設しているわけだが、利用者が基礎的な操作能力を身に着けて自分でどんどん図書館サービスが利用できるようになれば、図書館側にとっても大いにありがたいことになる。幸いにも、司書はコンピュータ操作や情報処理にかけては全員が専門家なので、図書館でのコンピュータ講座の講師に困ることがない。

図書館で開かれているコンピュータ講座には、基本的な操作を身に着けるクラスと、すでに基本的な知識をもった人びとに対して少し高度な図書館の利用方法を学ぶためのクラスがある。また、インターネット検索サイトの効果的な利用法や、オンラインショッピングの留意点などを扱った実用的な講座も開設されている。

デンマーク社会では、図書館のみならず学校や職場などのあらゆる場面でコンピュータスキルが要求される。それにもかかわ

子ども用コンピュータを使うエスニックマイノリティの子どもたち（ハスレ図書館）

らず、正式なコンピューター教育を受けていない高齢者や、個人的な事情によって学校でコンピューータースキルが修得できなかった移民や難民など、これからコンピュータリテラシーを身に着けなければならない人びとがまだまだ大勢いる。「すべての住民に平等な情報アクセスの場」を標榜する図書館は、こうした人びとに率先して手を差し伸べてきた。図書館のコンピュータ講座は、今後もコンピュータにあまり慣れていない人びとが気軽に訪れることのできる学びの場でありつづけるだろう。

## 5 二一世紀の公共図書館サービス――デンマークの公共図書館はどこに行くのか

デンマークの公共図書館は、一〇〇年にわたる図書館サービスの歴史のなかで、人びとの情報アクセスを支援するために多様な活動を展開してきた。本節では、今、もっとも新しい図書館サービスを紹介したい。そして、最前線の図書館サービスを通して、二一世紀のデンマークの公共図書館がどこに向かうのかを考えてみたい。

## 図書館で税金相談？

最近、デンマークのいくつかの自治体で、住民サービスコーナーを図書館内に設ける動きが出てきた。これは、行政手続き、税金相談、年金相談など、今まで役所で行われてきた行政サービスを図書館で行ってしまおうというものである。

たとえば、オーフースでは、二〇〇八年にコムーネの三つの図書館に住民サービス（Borgerservice）の拠点を設けた。住民は、子どもの教育、学校、住居、税金、年金といった生活にかかわる問題について、このコーナーでコムーネの職員に相談することができるようになっている。

住民サービスコーナーを図書館に設置するようになったのは、住民にとっては「図書館がもっともなじみのある公的機関だから」という理由にほかならない。図書館は多くの人びとにとって生活動線上にある場所

図書館内に設置された住民サービスコーナー
（出典：『オーフース図書館年報2008』P. 4）

だし、役所よりもずっとアクセスがしやすい。また、図書館側から見れば、今まであまり図書館に来なかった住民が、住民サービスコーナーに訪れたついでに図書館に立ち寄ってくれるという相乗効果も期待できる。

住民サービスコーナーはあくまでも自治体の各担当部署の管轄にあり、図書館からは独立して業務を行っている。図書館と同じスペースの中にあって、コーナーとして仕切られている場合と専用の部屋が用意されている場合があるが、いずれの場合もプライバシーはきちんと守られている。

住民と行政の関係という面で見ると、コペンハーゲンのヴァンルーセ図書館（Vanløse Bibliotek）はさらに一歩進んだ興味深い試みを行っている。それは、二〇〇八年に設けられた「デモクラシーコーナー（Demokratihjørnet）」である。このコーナーは、住民と議員が直接対話できるように設置されたもので、住民と議員のコミュニケーションの機会を図書館が創出するというユニークな企画である。住民は、このコーナーを自由に訪れて議員と言葉を交わし、地元の問題について語り合うのだが、このような光景を見ていると、どうやらデンマークの図書館は図書を借りるだけの所ではなく、「直接民主主義」を実現させる社会参加の場所になりつつあると言えそうだ。

## 子どもはプール、お母さんは読書

コムーネの公的機関と場所や人材を図書館が共有するという公共施設の複合化も、二〇〇〇年以降の新しい動向である。公共図書館と学校図書館や文化センターとの複合施設といったものがポピュラーだが、変わったところでは、スポーツ施設や映画館と連携した施設もある。

オールボーにある図書館の一つはスポーツ施設と同居していて、ガラス一枚を隔ててプールと図書館が隣り合わせになっている。子どもの水泳教室が終わるのを待っている間、お母さんたちはガラス越しに子どもの姿を見ながら図書館でゆっくりと本を探すことができるのだ。複合施設化が進んでいるデンマークでも、さすがにプールと図書館の同居というのは珍しいようで、『デンマーク図書館員（Danmarks Biblioteker）』や『図書館雑誌（Bibliotekspressen）』といった図書館業界の雑誌にも大きく取り上げられていた。

図書館の複合施設化の背景には、公共施設の管理運営に関するニュー・パブリック・マネージメント（NPM：New Public Management）[7]の導入がある。図書館にかかわらず、いまや公共

(7)　公共セクターに民間セクターの経営のノウハウを導入する試みであるNPMは、一九八〇年代からイギリスを中心に実践されてきたが、一九九〇年代以降、その影響は北欧諸国にも及んでいる。公共施設全般の管理運営にかかわる見直しが進められるなかで、デンマーク図書館界においても運営予算を削減するためのさまざまな取り組みが行われている。

施設はどこも従来の管理・運営方式からの脱却を図りながら新たな公共経営のあり方を模索している。自治体の経費節減のための方策の一つとして、公共機関のスリム化・統合化が切実に求められており、これが図書館の複合施設化に影響していることは言うまでもない。

もっともよく見られるのは、公共図書館と学校図書館の複合施設である。学校図書館と公共図書館の連携には、大きくわけて二つのタイプがある。一つは、建物を共有するが運営面では相互不干渉のタイプで、もう一つは建物と資料を共有するタイプである。後者の場合、図書館の資料を共同で利用するが、職員に関して言えば、公共図書館のサービスは司書が、学校図書館のサービスは司書教諭が担当する場合が多い。というのも、地域住民の多様な情報要求にこたえる公共図書館の司書と、子どもたちの学習支援が主な業務となる学校図書館の司書教諭とでは職務内容がかなり異なるからである。しかし、複合施設のなかには、図書館職員も含めて、施設・サービスを共有することによって両者が完全に融合したタイプの図書館もある。

## さまざまな文化的背景をもつ人びとにとっての公共図書館

公共図書館のサービスを考えていく際、図書館がもっとも慎重に考えなければならないのが「どのような人びとにサービスをするのか」ということである。

デンマークでは、第二次世界大戦後、労働力不足を補うために移民を積極的に受け入れてきた。

一九七三年に移民の受入れを停止したものの、家族を呼び寄せることは引きつづき認められた。また、一九八〇年代以後、イランやスリランカなどのアジア諸国やソマリア、エチオピアなどといったアフリカ諸国からの移住者が増えたが、その大半はデンマークへの居住が認められた難民であった。その結果、デンマークには多様な民族的・文化的背景をもつマイノリティがたくさん住んでいる。それがゆえに、マイノリティ住民へのサービスは、公共図書館の利用者サービスにおける柱の一つとなった。

そもそも、デンマークの公共図書館でマイノリティへのサービスがはじまったのは一九六〇年代である。開始当初は、移民への母語資料の収集や提供が主なサービスであった。当時、図書館におけるマイノリティ利用者は「特別のニーズをもつ利用者」としてとらえられ、そのサービスもごく限定されたものだった。しかしながら、文化的に多様な背景をもつ利用者が増加するにつれ、マイノリティ住民へのサービスは図書館全体の課題としてとらえられるようになった。現在は、マイノリティの母語資料の収集や提供、デンマーク語を学習するための資料の収集や提供のほかに、文化交流プログラムなど多岐にわたるマイノリティサービスを実施している。

マイノリティ住民に資料を提供するための施設として「統合図書館センター（BiblioteksCenter for Integration）」と呼ばれるナショナルセンターもあり、多言語資料の収集・整理・提供に関して中心的な役割を果たしている。公共図書館は、コミュニティのマイノリティ住民の構成に応じて、このセンターから必要な多言語資料（図書・ビデオ・ＤＶＤなど）をまとめて借りることができるようになっている。そして、定期的にそれらの資料を入れ替えることによってマイノリティ住民からの母語資料の要求に応じている。

統合図書館センターの仕事は、多言語資料の収集と提供にとどまらない。移民や難民に向けた情報発信の拠点として、インターネット上につくられた情報の広場「ＦＩＮＦＯ」の運営もその業務の一つである。ＦＩＮＦＯは、デンマーク社会のさまざまな情報を提供するリンク集で、センターと各コムーネの公共図書館が共同でコンテンツを作成している。そのなかには、就労情報、教育、社会保障、文化・娯楽、政治にかかわる情報が掲載されており、ボスニア語、デンマーク語、英語、アルバニア語、ソマリ語、ベトナム語、トルコ語、ロシア語、ペルシャ語、アラビア語、ウルドゥ語（パキスタンの国語、インドの公用語の一つ）の一一の言語からアクセスすることが可能となっている。

### 宿題カフェ全国プロジェクト

移民や難民へのサービスのなかで、デンマークの図書館がここ数年来もっとも力を入れて進めてきたのが「宿題カフェ（Lektiecaféer）」プロジェクトである。これは、二〇〇七年から二〇〇九年までに、一〇〇か所の公共図書館で移民の子どもたちに対する学習支援を行うために企画されたプロジェクトで、文化省と難民・移民統合省（Ministeriet for Flygtninge, Indvandrere og Integration）との協定に基づいている。デンマーク図書館局（Biblioteksstyrelsen・現在はデンマーク図書館メディア局）がプロジェクトへの財政支援を行い、実際の運営は先に紹介した統合図書館センターが担当している。

宿題カフェで行われるサービスの中心は移民の子どもたちへの学習支援であるが、その運営については各図書館にまかされている。サービスの対象を子どもに限定せず、デンマーク語の読み書きが不自由な大人に対してのサポートや就業支援などのプログラムを実施している図書館もある。

二〇〇九年二月現在、宿題カフェを開催

宿題カフェの様子（ソルヴァン図書館）

する公共図書館は六〇館を超えている。当初は「一〇〇か所での開設」を目標にしていたが、残念ながらその軒数には届かなかった。しかし、六〇館という数字は、移民・難民サービスを必要とするデンマークの公共図書館のほとんどが宿題カフェを開いていることを示すものである。

プロジェクトの役割はあくまでもデンマーク全土の図書館に学習支援プログラムの種を蒔くことであったため、プロジェクトとしては二〇〇九年一二月で終了した。現在は、デンマークの公共図書館、とりわけエスニックマイノリティが多く住むコミュニティにおいて宿題カフェの開催が定着し、デンマークの公共図書館プログラムの「新定番」と呼べるほど重要なサービスとなっている。

第3章

# デンマークの公共図書館をめぐる旅

## ――個性的な図書館を訪ねて

吹き抜けが開放感をつくりだす（フレズレクスベア中央図書館）

本章に登場するのは、私が八か月のデンマーク滞在中に訪れた個性派揃いの図書館である。「こんなことを図書館でやっているんだ」、「デンマークの図書館って、今までの図書館のイメージとはずいぶん違うな」と思われる読者も多いのではないだろうか。

## 1 首都の中央館としてサービスの可能性を模索する――コペンハーゲン中央図書館

コペンハーゲンはデンマークの首都であり、人口は二〇〇八年に五一万八五七四人に達した。デンマーク第二の都市オーフースが人口約三〇万二〇〇〇人、第三の都市オーゼンセが約一八万八〇〇〇人なので、コペンハーゲンがデンマークでも群を抜いて人口の多い都市であることが分かる。

コペンハーゲン中央図書館（Københavns Hovedbibiloteket）は、デンマーク最大規模の住民を抱える都市コペンハーゲンにおける図書館サービスの中心的存在であり、コペンハーゲン・コムーネに散らばっている二一分館を統括する図書館である。蔵書冊数は約一七六万冊で、この数もデンマークの公共図書館のなかでは飛び抜けて多い。

中央図書館は、デンマークでもっとも有名な歩行者専用道路であるストロイエズ（Strøget）

から少し奥に入った場所にある。コペンハーゲン大学とコペンハーゲン大学図書館が近くにあり、最寄りとなるターミナル駅のナアアポート（Nørrport）からも五分程度とアクセスもしやすい。この図書館が、コペンハーゲン滞在中に私がもっとも頻繁に通った図書館である。住んでいた寮から歩いて四〇分、いくら歩くことが好きな私でも、日本にいればつづけて四〇分も歩くことは月に一回もないだろう。それなのに、コペンハーゲンでは美しい街並みのせいか、毎日本当によく歩いた。

私の住んでいた寮は、外国客船の停泊する港であるウスタポート（Østerport）のすぐ近くにあった。寮を出て豪華客船を横目で見ながら少し歩くと、「ニュボーザ（Nyboder）」と呼ばれる一七世紀に建てられた海軍住宅がある。この住宅の脇を通って一五分ほど歩くと、王立公園（Kongens Have）につづく地下道の入口に着く。ここまでが約二〇分で、この地下道を通り抜けて王立公園を横切ると、町の中心部にある図書館にもっとも早くたどりつけるのだ。

王立公園は、季節を問わずコペンハーゲン市民の憩いの場となっている。とはいえ、何と言っても夏に訪れるのが最高である。ベンチはもちろん、芝生の上でみんなが思い思いに日光浴を楽しんでいる。短い夏があっという間にすぎ、秋が深くなると公園でくつろぐ人びとの数が徐々に少なくなっていく。そして、青々としていた木の葉がすべて落ちてしまうと本格的な冬の到来である。コペンハーゲン滞在中、三日に一度はこの公園を横切って中央図書館に通うことを日課としていた私は、こんな季節の移り変わりを肌に感じながら八か月を過ごした。

王立公園を抜けると、中央図書館までは五〜六分の距離である。コペンハーゲンを一望できる高さ三五メートルの塔「ルネトーン（Rundetaarn）」を通りすぎて少し歩くと、図書館のあるクリュスタル通り（Krystalgade）に出る。

中央図書館は、デパートとして使われていた建物をそのまま利用しており、中央部が四階まで吹き抜けとなっている。エスカレーターも吹き抜けの部分に設置されているので、エスカレーターに乗って上階に行くと開放感のある造りを実感することができる。

コペンハーゲン市民の憩いの場所王立公園

## コペンハーゲン中央図書館を大解剖

一階の入り口横には、カフェ、新聞閲覧室、総合案内デスク、パンフレットコーナー、貸出カウンター、予約図書コーナー、児童室がある。パンフレットコーナーには、美術館、博物館、コンサートなどの文化施設のパンフレットや成人学校、語学学校、スポーツ団体などのパンフレットがたくさん用意されていて、利用者が自由に持って帰れるようになっている。場所柄だろう、中央図書館には多くの旅行客も訪れるので、観光案内パンフレットや地図も豊富に揃っている。

二階には、デンマーク語の小説と外国語で書かれた小説、そして語学の教材がある。多様な母語をもつ利用者に配慮して、三〇

元はデパートだったコペンハーゲン中央図書館

種類ぐらいの語学の教材が揃っている。また、通常の活字で書かれた本を読むことが困難な利用者のために大活字本や、本の内容を耳で聴くことができる録音図書（カセットテープ、ＣＤなど）も用意されている。

同じ階の資料コーナーには、辞書・事典をはじめとする各種の参考図書、地図、電話帳、人名録、法律資料、議会関係資料、統計、規格、市場情報が揃っていた。「ヨーロッパ・ダイレクト」と呼ばれるＥＵ情報と、ＥＵ関連のパンフレットを集めたコーナーもある。ビジネス情報に関する情報提供サービスもここで行われ、司書が企業やビジネスにかかわる情報収集のサポートを行っている。

三階には、自然科学・工学・環境・民俗学・農業・商業関係の資料と、料理・手芸・ファッション・スポーツなどといった趣味に関する資料、そして消費者情報が集められている。その一角には「環境問題コーナー」もあり、環境問題に関係する図書や雑誌を閲覧することができる。

日本からデンマークに飛んで、コペンハーゲンが近づくと最初に機内から見えるのは海の中にそびえたつ風車である。電車で走っていても、車窓から風車を見かけることがとても多い。言うまでもなく、デンマークは風力発電で世界をリードする環境立国である。当然のことながら、市民のエネルギー問題や環境問題に対する意識がとても高く、図書館でも環境コーナーをつくって市民の関心にこたえているのである。

同じく三階に設けられた「ネットクーペ（Netkupé）」と呼ばれる小部屋には、コンピュータ関連の図書・雑誌・CD－ROMが置かれていて、操作マニュアル、スキャナー、大型プリンタなどが用意されていた。そして四階には、人文科学、社会科学、歴史・地理に関係する資料のほかコペンハーゲン関連の資料も収められており、最上階となる五階には、美術や音楽といった芸術関連の資料のほかに音楽関係のCDやDVDなどの視聴覚資料がたくさん並べられていた。

## 司書は大忙し

デンマーク人は、幼いときから「分からないことがあればすぐに質問するように」と言われて育ってきている。だから、他人にものを尋ねることにあまり抵抗がない。小学校でも、「司書は図書の専門家で、情報を探す利用者の手伝いをする専門家」と教えられている。こうした教育の効果もあってか、利用者は年齢を問わず積極的に司書に相談をもちかける。そのため、司書がさまざまな相談を受けるレファレンスカウンターはいつも利用者でにぎわっている。

ある日、ふと思い立って、いったい何人ぐらいの人が司書に質問をするのか、実際にたしかめてみることにした。観察した場所は、五階の音楽・芸術部門のレファレンスカウンターである。平日であったにもかかわらず、その日は一二時三〇分から一四時三〇分までの二時間に、なんと二〇名もの利用者が司書に質問をしていた。もちろん、利用者の相談内容を聞くことはプライバシーの観点から厳禁であるため、相談にかかった時間や司書と利用者のやり取りの様子を観察するにとどめた。ごく短時間で司書との会話を切り上げる人がいた一方で、長々と話し込むという利用者も結構いた。

ちなみに、レファレンスコーナーのにぎわいはコペンハーゲンの中央図書館にかぎったことではない。第1章でも述べたように、相談の順番待ちのために銀行で使われているような番号札方式を採用する図書館が多いのは、どこの図書館でもたくさんの質問が寄せられているからであろう。

## グループ学習に取り組む若者

八か月の滞在期間中、三日に一度は訪れたコペンハーゲン中央図書館、「何曜日に行っても、何時に行っても、いつもにぎわっている場所」として私の記憶に残っている。司書のカウンターにはいつも順番待ちの行列ができていたし、時折フロアーを眺めると、若者、高齢者、子どもなどあらゆる世代の利用者が目に入った。

なかでも、私にとって一番印象的だったのは、若い世代が熱心にグループ学習を行っている姿だった。グループのメンバー全員が、それぞれ持ち込んだコンピュータの画面を眺めながら議論している光景をしょっちゅう目にした。彼らは、学校で出されたグループ課題をやっていたのだ。

ぎっしりと本が詰まった書架の間にある机で、若者がコンピュータを使いながらあれこれ話し合っている姿はちょっと不思議な光景でもあったが、伝統的な図書館からデジタル時代の図書館への移行を象徴する風景として今でも鮮明な印象を残している。

## 図書館のカフェでくつろぐ

デンマークの公共図書館は、カフェを設けている所が多い。コペンハーゲン中央図書館のカフェは入り口を入ってすぐ右側にあり、二〇名ぐらいが座れる広さとなっている。普通の椅子のほかにゆったりくつろげるソファが置いてある一角もあって、コンピュータを使って長々と作業する人がいつも占拠している。

カフェは開館から閉館まで開いており、利用客が途絶えることはない。一人でコーヒーを楽しんでいる人もいればおしゃべりに夢中のカップルもいるし、グループ学習をしている若者や読書会を行っている人びともいる。飲み物の値段は普通のカフェの三分の二程度と安いにもかかわらず、注文を受けてその都度入れてくれるコーヒーやカプチーノは本格的な味でとてもおいしい。サンドイッチやデニッシュなどもあるので、軽食をとることも可能となっている。

私も、仕事に疲れたときにちょっと休んだり、地図を広げて旅行の計画を立てたり、人と会ったりするためにこのカフェをちょくちょく利用した。中央図書館には、地図や催し物の案内、コンサート情報などコペンハーゲンに関する情報がなんでも揃っているので、旅の疲れを癒しながら行動計画を立てるのにはぴったりの場所である。コペンハーゲンを旅行する人に、ぜひ訪ねてみてほしい所でもある。

これまでに図書、新聞、雑誌、データベース、電子メディアなどの提供を通じて幅広い年代の利用者にあらゆる情報を届けてきた中央図書館だが、今後は単に資料を提供するだけでなく、文化的な対話や出会いを提供する場を目指しているそうだ。

現在、建物が古びてきたコペンハーゲン中央図書館を新しく建て直す計画が進んでいる。資金面や建設地をめぐって問題が山積となっており、計画は難航しているよう

おいしいコーヒーが飲めるコペンハーゲン中央図書館のカフェ

だが、新しい中央図書館がどのような姿で市民の前に現れるのか、今からとても待ち遠しい。

## 2 成人の学びを支援する――ソルヴァン図書館

ソルヴァン図書館（Solvang Centret Bibliotek）は、コペンハーゲンの中心部から地下鉄で一〇分ぐらいのウーアスタズ地区にある。現在、コペンハーゲンでもっとも開発が活発に進められているのがこの地区である。近くに、デンマーク国営放送局（DR）も移転してきた。周囲にはまだ空き地がたくさんあるが、急ピッチで工事が進められているので、将来、この周辺はかなりにぎやかな場所になるだろう。

図書館は、移民が多く住む団地の一角にある。この地区では一九七〇年代に公営住宅の建設がはじまり、そこに多くの移民が住むようになった。現在では、デンマーク人と移民の比率は半々ぐらいとなっている。

図書館は、公営住宅のちょうど中心部、ショッピングセンターの中にある。その隣には学校と教会があり、学校図書館と建物を共有している。

## 宿題を図書館がお手伝い

利用者の圧倒的多数を占める移民や難民の子どもたちのために、この図書館では前述した学習支援プログラムの「宿題カフェ」を開くようになった。

現在、ソルヴァン図書館で子どもたちの学習支援にあたっているのは、デンマーク難民援助協議会（Dansk Flygtningehjælp）から派遣されたボランティアである。この団体は公共図書館の移民・難民向けのプログラムを全面的に支援していて、学習支援を行う人材をそれぞれの図書館に紹介するほか、ボランティアスタッフを対象とする研修会も実施している。ボランティアをはじめようとする人たちは、この研修会で異文化間コミュニケーションの方法について

奥の方に見えるのがボランティア（ソルヴァン図書館）

学んだり、活動にあたって必要な基礎知識を身に着けてから、図書館でのボランティア活動に参加することになる。ボランティアスタッフは、移民や難民との交流を希望する元教員や教員志望の大学生が中心となっているが、なかには民間企業に勤めている会社員もいる。

ソルヴァン図書館で、何人かのボランティアメンバーに日々の活動の様子や感想を聞いてみた。ブリギデ・モーロプ（Birgitte Mårup）さんとアネ・ホイビュー・ハンスン（Anne Høybye Hansen）さんは、木曜日の午後三時から午後五時まで宿題カフェで学習支援を行っている。モーロプさんは、コペンハーゲンビジネススクールに在学中の大学生で、国語（デンマーク語）と数学を教えている。そして、ハンスンさんは地元の銀行に勤めているので、週に一度フレックスタイム制度[1]を利用して、宿題カフェのある木曜日に数学を中心に子どもたちの勉強を手伝っているということだった。

勤めをしながらボランティア活動を行っているハンスンさんに「両立は大変ではないですか？」と尋ねたところ、「ボランティア活動に興味があるし、フレックス制度を使っているので

---

（1） 企業の職員が決められた時間の枠内で、始業と終業を自分自身で自由に設定できる制度。デンマークでは労働市場における柔軟性（Flexibility）と雇用にかかわる保証（Security）を合わせた「フレキシキュリティ（Flexicurity）」と呼ばれるモデルを推進しているが、フレックスタイム制度は、労働時間の柔軟性を確保するための政策の一つである。

まったく問題ないわ」という答えが返ってきた。その表情から、子どもたちとのコミュニケーションを心から楽しんでいることがよく分かる。

## 成人の学習を支える

ソルヴァン図書館では、二〇〇八年から宿題カフェの対象をさらに広げて成人の学習支援（LæringsCenter for alle over 15 år）をはじめた。こうしたサービスはデンマークでも先進的な試みであるため、司書のヘレ・アンドレアスン（Helle Andreasen）さんと異文化コミュニケーションを担当する専門職員のアイファー・バイカル（Ayfer Baykal）さんから、はじまったばかりのプログラムの様子を聞かせていただくことにした。

住民サービスプロジェクトリーダーの
ヘレ・アンドレスンさん

このプログラムの対象は移民・難民の成人女性で、デンマーク語の学習、永住権テスト[2]の準備、そして就業などの支援を主な目的としている。図書館は成人プログラムをはじめるにあたって、デンマーク図書館・メディア局から助成を受け、この補助金で新たにプログラム専用の辞書やコンピュータを購入したということであった。

はじまったばかりということもあり、残念ながら、成人学習プログラムの利用者はあまりいなかった。宿題カフェを開催する日に大忙しとなるボランティアも、成人の学習支援日には時間をもて余していることもあるということだった。

今は、とにかくプログラムのPRに力を入れているらしい。図書館のウェブサイトで広報活動を行っているほか、ローカル新聞にカラー刷りでPR記事を載せてもらったりもしている。ただ、住民はこの種の公共のお知らせにはなかなか目を通さないようで宣伝効果はあまりないようだ。アンドレアスンさんとバイカルさんは、「このプログラムにすでに参加している人が、知り合いを図書館に連れてきてくれるといいのだけれど」と話していた。

二〇一〇年現在もこのプログラムにはあまり人が集まっていないようだ。それでも成人の学習プログラムはこの地域にとっては大切だから、ゆっくり育てて行きたいとアンドレアスンさんは語っていた。

---

(2) デンマークで永住権を取得するためには、デンマーク語の能力テストと、デンマークの政治・歴史・文化についての知識を問うテストに合格しなければならない。

## 自分たちの図書館を守る

ソルヴァン図書館には、デンマークの図書館としては珍しく住民と図書館との意見交換の場である「図書館住民委員会」(以下、住民委員会)があって、活発な活動を行っている。住民委員会の主な仕事は、住民を代表する諮問機関として図書館の年次計画や予算計画を確認することと、住民の立場から図書館にさまざまな要求を行うことである。現在、ソルヴァン図書館の住民委員会は八名の住民代表と図書館長、図書館職員から構成されている。委員の一人であるカーアン・スアレス・クラベ(Karen Suarez Krabbe)さんに、住民委員会の活動について話を聞いてみた。

住民委員会が今もっとも関心をもって取り組んでいることは、図書館に住民センターを併設することである。デンマークでは、いくつかの図書館が住民センターを設置しており、図書館内で行政サービスを開始している。図書館は誰にとっても気軽に立ち寄れる場所であるため、図書館で行政サービスが受けられるようになれば住民にとってこれほど便利なことはない。そのため、ソルヴァン図書館でも住民センターの設置に向けていろいろと計画中なのである。

今回インタビューに答えてくれたクラベさんは、二人の子どもの母親であり、しかも現役の医師として働いている女性である。忙しい彼女が住民委員会のメンバーになったのは、「ソルヴァン図書館が閉鎖されるという噂を聞いたから」だったと言う。

ソルヴァン図書館は、近年、発展が目覚ましい新興住宅地であるウーアスタズ地区にある。地下鉄の開通に伴ってこの地区に新住民が大量に移り住みはじめたことを契機にして、ソルヴァン図書館を閉鎖して新しい住宅地に図書館を建てるという話が浮上した。クラベさんは、このことに危機感を募らせて住民委員会に加わったのだ。

ソルヴァン図書館は、地元にとってなくてはならない存在である。とりわけ、子どもや高齢者にとって、この図書館はほかの図書館には代えがたい存在である。クラベさんが積極的に図書館活動に参加し、自分たちの図書館として守っていこうとする姿に私は大いに共感した。

ソルヴァン図書館は私が留学していた情報学アカデミーの近くにあったため、しょっちゅう訪れた思い出の所なのだが、お世辞にも図書館自体はきれいとは言えない。建物の老朽化は進んでいるし、内部も全体的に相当くたびれている。でも、そこにいるとなぜかリラックスできる。「ここに座っているだけで何だか落ち着くんです。だから、つい図書館に来てしまう」と、ボランティアをしている大学院生も言っていた。近所に住んでいる人が気軽に立ち寄れるという雰囲気、それがソルヴァン図書館の最大の魅力なのかもしれない。

## 3 文化センターとの連携で地域の活性化を図る――ヴァンルーセ図書館

ヴァンルーセ図書館は、二〇〇五年九月に文化センターとの複合施設としてリニューアルオープンした図書館である。コペンハーゲンの中心部からメトロに乗って、七駅ほどでヴァンルーセに到着する。駅からつづくにぎやかな繁華街に図書館はある。

一つの建物を共有している図書館と文化センターだが、それぞれ独立した活動スペースをもち、最上階にある広いルーフバルコニーが、図書館と文化センターを結ぶオープンスペースとなっている。私が訪問したのは平日の午前中で、ちょうど近くの学校から子どもたちがクラス単位で来ていて、それぞれ好きな本を借りているところだった。

### 図書館と文化センターの連携

図書館・文化センターは、開館以来、ヴァンルーセ地区の文化の発信地としてさまざまな催し物を積極的に開催してきた。文化センターには、五〇〇人以上が収容可能なコンサート会場、ワークショップのためのスペース、会議室、多目的な利用が可能なカフェがある。

現在、文化センターにセンター長一名と職員七名、図書館には館長一名と職員一三名が配置されており、お互いに協力しながら業務を進めている。文化センターでは、コンサート、展覧会などのイベントやダンス、演劇などのワークショップが開かれているほか、生涯学習のための講演・講座も行われている。文芸関係の催し物を開催する場合は、図書館と文化センターが協力してプログラムを立案しているという。

## 図書館で議員と話そう

オーレ・イェンスン（Ole Jensen）館長によれば、今一番力を注いでいるのが「図書館を住民の政治参加の場にすること」であり、この理念を実現したのが図書館の一角に設けられた「デモクラシーコーナー」と呼ばれるスペースである。

デモクラシーコーナー（ヴァンルーセ図書館）

ここは、住民と政党の議員や地域の団体組織の代表者が定期的に自由な議論を交わすための場所として設けられた。「デモクラシーコーナー」と書かれた垂れ幕が下がったコーナーには、いかにも座り心地のよさそうな椅子が用意されていた。その椅子に座って、住民と地元の議員や各種組織の代表者がインフォーマルな形で、定期的に特定のテーマについて話し合っているのだ。地域社会、子どもや若者、高齢者にかかわる問題、社会環境を向上するための取り組みなど、地域に密着した話題が話し合われているとのことだった。

## 住民と館長の対話

ヴァンルーセ図書館は、コペンハーゲン・コムーネではソルヴァン図書館とともに図書館住民委員会が活発に活動している図書館として知られている。委員会のメンバーであるケイト・ホルム＝フィェルスタ（Kate Holm-Fjelster）さんに、ヴァンルーセ図書館の住民委員会について話を聞いてみた。

会合では、いつも図書館長から運営について定例報告があるのだが、最近開催された会合では図書館の予算について説明があったようだ。館長の報告に対して、早速、委員の一人から「コペンハーゲン・コムーネのほかの図書館と比べて、ヴァンルーセ図書館の電気代は高いのでは？」という指摘があった。館長は、「この図書館では蛍光灯が埋め込まれた特殊な書架を使っていて、利用者にとっては本が選びやすいのだが、その反面電気代が高くなってしまう」という説明をしたそうだ。そのほかにも、館長から新しくはじめた幼稚園への出張サービスや、映画館での図書館PRなど、現在取り組んでいる図書館のさまざまなプロジェクトについて報告があった。

「住民委員会のメンバーの平均年齢が高く、若い人がいないことが気がかりだ」と話してくれたホルム＝フィェルスタさんは、若者やヴァンルーセにたくさん住んでいるマイノリティ住民にもメンバーに入ってもらって、図書館はもっと幅広いグループから意見を聴取すべきだと考えている。

「デモクラシーコーナー」に見られるように、ヴァンルーセ図書館は既存の図書館業務の枠組みにとらわれない新しいサービスを模索していて、新しいプロジェクトを導入していく過程で住民の声を取り入れることを重視している。サービスが図書館主導で進むことの多いデンマークの図書館のなかにあって、住民が積極的に図書館運営にかかわっているヴァンルーセ図書館はとてもユニークな存在と言える。

# 4 図書館で母語と出合う――ヴェスタブロー図書館・ナアアブロー図書館

これまでにも述べたように、近年、デンマークの公共図書館では移民・難民の利用者が急増している。本節では、マイノリティ住民が多く住む地域にある二つの図書館のサービスを紹介しながら、移民・難民に対するサービスの先進事例を見ていきたい。

## 図書館の書架で母語と出合う

ヴェスタブロー地区（Vesterbro）は、コペンハーゲン・コムーネの中央駅から南に広がる地区である。移民が多いコペンハーゲンのなかでも、この地区にはとりわけ多くのマイノリティ居住区が集中している。ヴェスタブロー駅から徒歩で五分くらいの所にあるヴェスタブロー図書館（Vesterbro Bibliotek）は、マイノリティ居住区の中心に位置する分館である。町を歩いている人も、圧倒的にエスニック・マイノリティが多い。

ヴェスタブロー図書館は、住民の民族的多様性を反映した多言語資料の収集と提供を積極的に行っている所としてデンマークでも有名な図書館である。とくにたくさん集められているのがウルドゥ語（パキスタン）とトルコ語の資料で、それぞれ書架三本分を占めている。そのほかには、アラビア語、ベトナム語、パンジャーブ語（パキスタンとインドで話される言語）、アルバニア語の資料がある。児童室にある図書、視聴覚資料、雑誌・新聞も、多言語のものが多い。

私がとくに興味を引かれたのは、多言語資料が並ぶ書架のなかにさりげなく置かれたパンフレットである。たとえば、アラビア語の料理書の隣に置かれていたのは、デンマーク難民援助協議会のボランティアによる無料翻訳サービスのパンフレットであった。デンマークに来てまもない移民・難民は言語の面でハンディキャップがあるので、公的な手続きなどでとまどう場面が多々ある。そんなときのために、協議会では無料でボランティアの通訳手配をしてい

書架の中に置かれた移民向けパンフレット（ヴェスタブロー図書館）

る。私が見たのは、この翻訳サービスを報知するためのパンフレットだった。

デンマークの図書館には必ずパンフレットコーナーがあるわけだから、そこに置いてもよいのだが、そうするとほかのパンフレットにまぎれてしまう可能性がある。情報を必要とする人に確実に届けるために、その人にとって一番身近な書架に重要な情報をさりげなくしのばせるといった配慮は、デンマークの公共図書館が単に多言語資料を収集するだけでなく、生活支援の視点からマイノリティサービスを提供していることを示している。

移民・難民向けの母語資料が置かれた書架のすぐ脇には、「新しくデンマークに来た人へ」というコーナーも設けられている。そこに並んでいるのはデンマーク語の学習教材で、たいていテキストとCD－ROMの音声教材がセットになっていて、すぐに勉強がはじめられるようになっている。それ以外にも、デンマーク語の辞書や簡単なデンマーク語で書かれた図書もある。

デンマーク社会で生活していくためには、デンマーク語を修得せざるを得ない。デンマークに暮らすマイノリティが、コムーネで実施されている無料のデンマーク語講座を三年間受講することができるのも、デンマーク社会に溶け込むために必要と考えられているからである。

図書館はこのような行政の方針に合わせ、積極的にマイノリティへのサービスに乗り出している。マイノリティ利用者の多い図書館は、マイノリティの民族的な背景に合わせて母語資料を揃えると同時に、必ずデンマーク語の学習教材を準備して語学学習への意欲をかきたてるといった工夫をしている。

## 図書館で将来の夢をかなえよう

ナアアブロー地区（Nørrebro）は古くから多くの移民が移り住んだ地域で、コペンハーゲンのなかでもとくに規模の大きい移民の居住区となっている。コペンハーゲンの中心からバスに乗って一五分ぐらいでこの地区に着くが、そこはデンマークにいることを忘れてしまうほどエキゾチックな場所となっている。イスラーム系の住民が多いせいか、店先の表示はすべてアラビア語やペルシャ語で書かれている。食料品店や衣料品店、雑貨屋に至るまで、ほとんどがイスラーム系の店である。

ナアアブロー図書館（Nørrebro Bibliotek）がマイノリティサービスの先進事例として知られるようになったのは、図書館の中に学習センターを併設したことがきっかけだった。近年、デンマークでは、図書館がもつ生涯学習機能を活かして館内に住民が自由に使える学習センターを設置する所が増えている。ナアアブロー図書館の学習センターは、その先駆けとなったものである。

学習センターでは、「キャリア図書館（Karrierebiblioteket）」と呼ばれる若者にターゲットを絞ったキャリア形成のための支援プログラムを定期的に開催している。そこでは、職選びを支援したり、履歴書作成のための講座を開講するなど、若者への就業支援を行っている。私が訪れたときにはコンピュータ講座が開催されていて、五、六人のエスニックマイノリティの利用者が、ボランティアの講師から操作方法を教わっているところだった。

デンマークの図書館では返却された図書を書架に戻す業務はアルバイトの仕事なのだが、ヴェスタブロー図書館とナアアブロー図書館ではこの仕事もマイノリティの若者が行っていた。図書館が地域の若者を様々な側面から支援しているのである。

学習センターで開催されているコンピュータ講座（ナアアブロー図書館）

## 5 誰もが居場所を見いだせる図書館――フレズレスクスベア地区図書館

フレズレスクスベア（Frederiksberg）と言えば、コペンハーゲンでも高級住宅地として知られる場所である。フレズレスクスベア・コムーネは、コペンハーゲンの西部に位置している。地図の上ではコペンハーゲン・コムーネのなかにすっぽりと入っているのだが、コペンハーゲンとは独立した行政区域である。二〇世紀初頭にフレズレスクスベアの複数の地区がコペンハーゲン・コムーネに統合されたためにこのような形になり（フレズレスクスベアがコペンハーゲン地区に囲まれた）、現在に至っている。

フレズレクスベア中央図書館（Frederiksberg Hovedbibliotek）は、地下鉄のフレズレスクスベア駅の目の前にあった。すぐ近くにはコペンハーゲンビジネススクールのキャンパスやショッピングセンターがあって、交通の便もよいので利用者にとっては大変便利な図書館である。開館時間は月曜日から木曜日までが朝一〇時から夜七時半、金曜日は一〇時から夕方五時で、土曜日は季節によって開館時間が異なっている。日曜日は一〇月から三月のみ、午後一時から夕方四時まで開館している。冬の寒い季節でも開館前から大勢の人が図書館の前に集まってきて、開くのを今か今かと待っている。

北欧では、光を最大限に取り入れるためにガラスをふんだんに使った建物が多いが、フレズレスクスベア図書館の新聞閲覧室の上部もガラス張りの天窓になっていて、部屋全体がとても明るい。居心地のよい空間に引き寄せられるのだろうか、このスペースでは常に利用者が絶えず、みんな熱心に新聞を読んでいる。

新聞の種類は全部で七〇種類、そのうち二四種類が外国紙である。視聴覚資料室には音楽CD、ビデオ、図書、楽譜などが収集されていて、デンマークでも屈指のコレクションを誇っているようだ。児童室には子どもが楽しめるさまざまな資料や玩具、言語学習のための教材やコンピュータゲームがあるほか、ヤングアダルトコーナーに

開館と同時に図書館の入り口に向かう人びと（フレズレクスベア中央図書館）

はゲームコーナーまでが設けられていた。

## それぞれのスタイルで学習に集中する

一階の奥まった所にある学習コーナーは、一人での学習を想定して設計されており、落ち着いた色調の机と椅子や個別に取り付けられたライトがあり、集中して読書や学習に取り組めるようになっている。コンピュータの電源用のコンセントも机ごとに付けられているし、周囲の書架には辞書・事典類がまとめて置かれてあった。

北欧では、コンピュータはいまや筆記用具と同じような位置づけとなっているので、ノートパソコンを持ち歩いている人が多い。そのせいか、公共施設にはコンピュータを利用するための電源がふんだんに確保されているし、中・長距離電車の各座席にも必ずコンセントがついていた。

学習コーナーのさらに奥には、ガラスで囲われた静寂コーナーがあった。部屋の入り口をふと見ると、「おしゃべり禁止」、「コンピュータ禁止」のシールが貼られていた。デンマークの図書館では、これまでに述べたように個人のコンピュータを利用することはごく普通となっているが、どうやらコンピュータのタイピングの音が気になる人もいるようだ。ガラスで仕切ることによって、コンピュータを使う人と使わない人、両方が落ち着いて学習に取り組めるようにという配慮である。

静寂を提供して知的意欲をかきたてる場所

フレズレクスベア図書館のパンフレットには、「図書館は静寂を提供し、同時に創造のための刺激を与える場所です」と書かれている。図書館の資料から知識を吸収し、インスピレーションを受けることによって人びとの創造活動を促す……そのような役割を図書館が担っているというメッセージを伝えているのだろう。

私がこの図書館をよく訪れたのは、冬の日曜日の午後であった。デンマークでは日曜日は閉館という図書館が多いのだが、いくつかの図書館は冬になると日曜日も開館するようになる。フレズレスクベア図書館もその一つで、私が住んでいた寮からは地下鉄で一〇分足らずで行けたので、雪が降

コンセントは必須（フレズレクスベア中央図書館）

ろうが雨が降ろうが楽に行くことができた。デンマークに滞在中いろいろな図書館を訪れたわけだが、フレズレクスベア図書館の学習スペースほど居心地のよかった所はない。

ここは、文句なしに私の「訪問館ベスト3」に入るだろう。かすかなざわめきのなかで、ふと気が付くと結構仕事がはかどっていた。集中力のレベルを普段の数倍上げてくれる場所、それが私にとってのフレズレスクベア図書館である。よい図書館は、ただ存在するだけで、利用者に学習意欲を与えてくれるということを発見した。どうやら、パンフレットに書かれてあることを、私が証明してしまったようだ。今でも、仕事でスランプに陥るとフレズレスクベア図書館のことを思い出し、あの空間に身を置きたいと思ってしまう。

## ベストセラー作家の複本は図書館に何冊?

ところで、デンマークの公共図書館では、どのような方針で図書を収集しているのだろうか。図書館界全体の傾向としては利用者ニーズに合わせたコレクションづくりが主流となっているが、それはデンマークも例外ではない。全般的に北欧の図書館はマンガを含む娯楽資料やベストセラーの提供に関してかなり寛容なので、図書館には硬い本だけでなく娯楽資料もたくさん置かれている。

資料選びは司書のもっとも重要な仕事であり、専門的なスキルが発揮される部分でもある。デンマークには司書が本を選ぶために使う専用のブックリスト『図書販売（Bogmarkedet）』(3)があって、これが選書のための基本的なツールとなっている。このリストに加えて、司書は常に出版動向に目を配り、新刊書についての情報を入手し、コレクションに加えるかどうかを専門的な見地から判断している。また同時に、利用者がリクエストした資料を集める努力も怠らない。

たとえば、デンマークでリクエストの多いベストセラー作家であるハネ・ヴィベケ・ホルスト(4)の作品は、フレズレクスベア地区の図書館全体で約五〇冊を購入しているという。それでもリクエストが多く、利用者は自分の借りる番が来るまでに二か月ぐらい待たなければならないという状況に

新刊には15日間の貸出制限がある（ヒーゼマーケン図書館）

なっている。人気の高い図書については、なるべく利用者の待ち時間が少なくなるように、図書館では毎週予約人数をチェックして、場合によっては買い足すこともあるそうだ。

## 6 ただ、お茶を飲みに来るだけでもいいのです——ルングビュー図書館

ルングビュー図書館（Lyngby Stadsbibliotek）は、コペンハーゲンの中心部から電車で一五分ほどの近郊に位置する図書館である。今回は、二〇〇六年八月にこの図書館を訪れたときに知り合った館長と副館長に再会するために訪れた。

二〇〇六年にデンマークの図書館を訪問することになったとき、最初に悩んでしまったのが「どこの図書館に見学に行ったらよいのだろうか」ということだった。デンマークの図書館は日

（3）一八五四年に創刊された書籍業界の専門雑誌で、出版協会と書籍販売協会が共同で刊行している。デンマークで刊行される書籍についてのニュース・記事・書評が掲載されており、図書館では図書選択のためのツールとして、このリストが伝統的に用いられてきた。

（4）Hanne-Vibeke Holst（一九五九～）は、デンマークでもっとも人気のある小説家の一人。女性の権利にかかわる発言を積極的に行うことでも知られ、女性を中心に多くのファンがいる。

本でも結構紹介されていたので、有名な図書館の名前はすぐに分かったのだが、私はどちらかと言えば「今まで日本に紹介されていない」、「ごく普通の」図書館を見てみたかった。我ながら不器用なやり方だと思いつつも、愚直にウェブサイトを片っ端から調べて、図書館に直接コンタクトをとることにした。

六月から七月にかけて、北欧の図書館が完全に休暇モードに入っていることをまだ把握していなかった私は、最悪のタイミングで……つまり六月末に次々と図書館にメールを送った。当然のことながら、図書館からの返信はまったくと言っていいほどなかった。そのような状況のなか、もっとも早く、しかもポジティブな返事をくれたのがルングビュー図書館だった。

メールの文面は、「日本の図書館研究者が、私たちの図書館に来てくれるのはとてもうれしい。改装したばかりの図書館をお見せするのを楽しみにしている」というもので、私はすぐにでもデンマークに飛んで行きたくなった。そして、実際に訪れたルングビュー図書館は、期待を裏切らない素晴らしい図書館だった。

ルングビュー駅から商店街を歩いて一〇分弱の所にある図書館は、ルングビュー湖に面したガラス張りの建物である。今回、図書館に入ってすぐ目についたのが、ガラスの外壁と床一面に施されたインスタレーションであった。これは、デンマークのアーティストであるピーダスン(5)による「アメリカン・デモクラシー」という作品だった。

そう言えば、この図書館には書架の間に埋め込むようにさりげなく彫刻が置かれていたり、小さな絵画が壁にそっと飾ってあったりして、アート作品と出合うことが多い。

図書館では、一九五〇年代から視聴覚資料の収集と提供に力を入れてきた。音楽関係の資料や視聴覚資料については、デンマークでも有数のコレクションを誇っている。これらの資料は、二階の音楽コーナーにま

（5）ピーダ・クレスチャン・ピーダスン（Peter Chr. Petersen）は、一九七三年生まれのデンマークのアーティスト。一九九四年からアーティストとしての活動をはじめる。デンマーク各地の美術館や図書館などで、絵画やインスタレーションの展覧会を行っている。

インスタレーションが施された窓ガラス（ルングビュー図書館）

とめて置かれている。

デンマークの図書館は、本を借りるだけでなく待ち合わせや憩いの場としても気軽に利用されていることは前述した。ルングビュー図書館にも、多目的な空間として図書館のゲートを入る前のスペースに雑誌・新聞のコーナーとカフェが配置されている。ほかの所と違ってここのカフェは、ルングビューの知的障碍者センターが運営していた。

カフェでは、七人の知的障碍者が働いている。ときにはお客さんがピンチを助けてくれることもあるそうで、スタッフはみんな仕事を楽しんでいるそうだ。入り口には本日のランチメニューが小さな黒板に書き出されていて、コーヒーとお菓子の甘い香りが漂ってくる。値段は、ランチで五〇クローナ（約七五〇円）と街のカフ

市民の憩いの場となっている図書館のカフェ（ルングビュー図書館）

ェよりも安い。

## セルフサービスが基本

二〇〇六年の訪問以来二度目となるルングビュー図書館では、顔なじみであるビアギト・サアアンスン（Birgit Sørensen）館長とスサネ・レーリング（Susanne Rømeling）副館長に、デンマークの図書館サービスについて日ごろから疑問に思っていたことを質問してみた。

最初に、いつも気になっていた予約資料のセルフサービスについて、「デンマークでは、予約図書が置かれている棚から自分が予約した図書を自らが回収し、自動貸出装置で手続きを行っているが、まちがって他人の予約資料をもっていってしまったりすることはないのか」と尋ねてみた。これに対してサアアンスン館長は、「予約した本人しか借り出せないように予約資料にはプロテクトがかかっているので、まちがって、あるいは意図的に他人の予約資料を持ち出すことはできない」と答えてくれた。

セルフサービス方式に戸惑う利用者が出ることも予想していたが、現在は混乱もなく、この方式でまったく問題がないということであった。北欧諸国では社会の隅々にまでセルフサービスが行きわたっているので、利用者にとっても図書館でのセルフサービスにはまったく違和感がないということなのだろう。

次に、最近人気のあるプログラムについて聞いてみたところ、「司書が講師を務めるコンピュータ講座が利用者からの人気が高い」ということだった。

二〇〇八年秋にルングビュー図書館で開かれているコンピュータ講座には、「オンラインによる各種手続きの申請とインターネットバンキング」、「音楽のダウンロードサービス」、「司書が教える図書館活用方法」、「オンラインショップでの購買方法」「ネットワークを活用した家系図の調べ方」、「一歩進んだインターネット活用術」、「オーディオブックの利用方法」などがあった。一般的なコンピュータの利用法から、コンピュータを用いて図書館資料をより有効的に活用する方法まで、いろいろなレベルの講座が用意されていた。

## ショッキングな分館の閉鎖

「ここ数年の間に、ルングビュー図書館にはどんな変化がありましたか?」と私が尋ねたところ、サアアンスン館長とレームリング副館長は、「分館の閉鎖がコムーネによって正式に決定されたこと」と声を揃えて言った。ルングビュー図書館は中央館と三つの分館から構成されていたが、その三つの分館すべてが閉鎖されることになったのである。

閉鎖後は、分館のあった地域の公共施設に「ルングビュー図書館分室」を置き、新聞や雑誌の閲覧コーナーを設けて、そこで利用者が本館から取り寄せた資料を受け取ることになるらしい。

週の何時間か図書館職員が分室に駐在して、自動貸出返却機の操作に不慣れな利用者の貸出や返却手続きを手伝う計画もあるそうだ。

二〇〇七年のコムーネ統合後に相次いだ分館の閉鎖は、デンマークの図書館界でもっとも深刻な問題となっている。とくに、今まで分館を利用していた人びとにとってはその影響は甚大だった。分館閉鎖によって生じたサービスの低下をどのように補っていくのかが図書館に問われていて、各図書館とも分館閉鎖後の対策について議論をつづけている。ルングビュー図書館の場合、幸いにして分館閉鎖のあおりで図書館職員が減らされることはなく、全員が中央館の戦力になると決まっていることが、唯一の救いと言えるかもしれない。

ルングビュー図書館は、館長一名、副館長一名、資料収集・目録部門七名、総務部門六名、地域資料担当二名、児童部門担当一〇名、成人部門二〇名、経理一五名、IT担当三名、渉外担当五名、音楽・文化担当七名、テクニカルスタッフ四名による体制で運営されている。現在、分館で働いている二一名の職員が中央図書館に異動してくるので、総勢一〇〇名を超えるスタッフでこれからも層の厚いサービ

副館長のスサネ・レームリングさん

スを提供していくということだった。

## 自分のスタイルで図書館を利用する

ルングビュー図書館の館長・副館長へのインタビューのなかでとくに印象に残ったのは、サアアンスン館長が言った「利用者と図書館のかかわりは、どんな形であってもよいと思う」という言葉だった。たとえば、図書館にお茶を飲みに来るだけでもよいし、新聞や雑誌を読むだけで本を借りないで帰ってしまっても構わない、図書館のコンピュータをプライベートなメールチェックに使ってもいい、利用者が自分のスタイルで図書館を利用し、図書館を楽しんでもらえればそれでよい、と館長はきっぱり言い切った。ただし、「図書館側としては、これからも図書館の中で利用者にさまざまな発見をしてもらえるように、館内にいろいろな仕掛けを埋め込んでいきたい」と付け加えることも忘れなかった。それらの仕掛けにどれだけ気付けるのか、図書館と利用者のポジティヴな闘いが今後どのようになっていくのか興味深い。

今後は、電子書籍や映画のダウンロード貸出など、ネットワークを用いた新しいサービスの導入が予定されているとも言う。すでに大勢の利用者から支持されているこの図書館が、どのように発展していくのか楽しみである。これからも、デンマークに行ったときにはルングビュー図書館には必ず行くことになるだろう。

## 7 宿題支援サービスの先駆的存在――ヴァプナゴー児童図書館

ヘルスィングウア（Helsingør）は、世界遺産となっているクロンボー城（Kronborg Slot）で有名な町である。デンマーク有数の観光都市であるということもあって、ホテルやレストランがたくさんある。そこでは多くの移民が働いており、ヘルスィングウアのマイノリティ住民の比率はデンマークのなかでもかなり高くなっている。

コペンハーゲンからヘルスィングウア行きの電車に乗ると、車窓には美しい家々と海が交互に見えてくる。その景色を三〇分ほど楽しんでいると目的地に到着する。ヘルスィングウアには中央館一館と分館が五館あるが、ここでは、マイノリティ住民への特色あるサービスで知られるヴァプナゴー児童図書館（Vapnagaard Børnebibliotek）について紹介したい。

ヴァプナゴー児童図書館はヘルスィングウア・コムーネ図書館（Helsingør Kommunes Biblioteker）の分館で、多くの移民が住む団地のなかにある。デンマークの五〇か所以上の図書館で現在行われている移民の児童を対象にした宿題支援サービスに、もっとも早く取り組んだ図書館として知られている。

「カフェ・オープンドア」と呼ばれる宿題支援プログラムがはじまったのは二〇〇五年で、それ以来ずっと週一回の頻度でプログラムが開催されてきた。デンマークのほとんどの図書館で行っている宿題支援サービスがデンマーク図書館・メディア局から資金援助を受けているのに対して、ヴァプナゴー児童図書館は独立採算のもとでプログラムを運営している。また、子どもたちの宿題支援に司書が直接かかわっている点もほかの図書館とは異なっている。

## 宿題カフェにやって来る子どもたち

ヴァプナゴー図書館の宿題カフェにやって来る子どもたちは、平均して毎週二〇名ぐらいとかなり多い。パレスチナ人、クルド人、トルコ人などの子どもが利用者の中心を占めている。また、男子生徒より女子生徒が多い

クロンボー城

という。基本的には九歳から一六歳の子どもたちを対象としているが、デンマーク語の読み書きが困難な成人利用者も三～四名参加しているそうだ。全科目を支援対象としているが、数学と国語の勉強をしている子どもたちが圧倒的に多いという。

宿題カフェにやって来る子どもたちがデンマークに来た時期はさまざまである。両親が移民としてデンマークに来たあとに生まれた子どももいれば、デンマークに来たばかりの難民の子どももいるため、子どもたちのデンマーク語のレベルはかなり異なっている。日常レベルのデンマーク語には問題のない子どもでも、家庭では両親の母語を話す場合が多いため、二つの言語のはざまで言語運用スキルや文化的アイデンティティといった問題を抱えているケースが多いらしい。

移民・難民の子どもたちの学習支援は、もちろん学校でも行われている。ただし、学校では一人の教員が複数の子どもを相手にしなくてはならない。それに対してヴァプナゴー児童図書館では、子ども一名に対してボランティアが一名であるため、学習効果がとても高いそうだ。また、学校だと委縮してしまう子どもたちが、図書館だと伸び伸びと振る舞えることも宿題カフェを開く理由となっている。それがゆえか、ときには、学校の教員と連絡を取り合いながら子どもたちに向き合っているということだった。

## 子どもたちと信頼関係を築く

宿題カフェに来る子どもたちはエネルギーに満ち溢れていて、宿題カフェが開かれる日のヴァプナゴー児童図書館は、そこが図書館であることを忘れてしまうほどにぎやかな空間となる。宿題カフェでの約束事はただ一つ「勉強に集中すること」で、これが守れない子どもは厳重な注意を受けることになっている。私が訪れた日はちょうどクリスマスが近づいた一一月の中旬ということもあって、部屋にはデンマークの伝統的なクリスマスのお菓子や飲み物が用意されていて、子どもたちもボランティアスタッフもくつろいだ雰囲気のなかで勉強を進めていた。

宿題カフェの常連であるイスラーム系の少女たちは、ヴァプナゴー児童図書館のボランティアや司書に絶大な信頼を寄せているようだ。この日も、私を案内してくれた司書のスザネ・シュッツ(Suzanne Schytt) さんが図書館に入っていくと、先週の宿題カフェで手伝ってもらったレポートのお礼を言うために、二人の少女がものすごい勢いで駆け寄ってきた。シュッツさんは少女たちを抱き合って、「よくがんばったね」とほめていた。

「生活面あるいは学習面で深刻な問題を抱えた子どもと深く付き合うことも少なくないし、ときには、自分より背の高い男子生徒を本気で怒らなければならないこともある」と言うシュッツさんの話を聞くかぎり、分館での利用者とのかかわりは、不特定多数の利用者を対象とする中央館とは明らかに異なっているようだ。

司書は利用者とより深くかかわらなければならない場面に多々直面し、学校の教員のような役割を果たさなければならないこともある。ヴァプナゴー児童図書館の場合、司書と利用者である子どもたちとの距離は、良くも悪くもとても近いと言える。

## 8 小さな図書館で見たサービスの本質——ビスペビェア図書館・ティスヴィルデ図書館

本節の主役は二つの小さな図書館である。一つはコペンハーゲン中央図書館の二一ある分館のなかで最小規模のビスペビェア図書館（Bispebjerg Bibliotek）、もう一つはシェラン島の小さな町の駅舎に併設されたティスヴィルデ・ミニ図書館（Tisvilde Minibibliotek）である。この二つの図書館は、その小ささに反してとても強い印象を私に残してくれた。

### お隣の家が図書館——ビスペビェア図書館

コペンハーゲン・コムーネでもっとも規模の小さい分館、それがコペンハーゲンで有名なビスペビェア病院に近い、閑静な住宅街にあるビスペビェア図書館である。

この図書館は、普通の住宅の一角にある。看板がなかったら、そこに図書館があるとはまったく思わないだろう。開館時間は、月曜日から木曜日が正午から午後七時、金曜日が正午から午後五時、そして土曜日が朝一〇時から午後四時までである。ほかの図書館に比べると、開館時間はかなり短い。

アパートのような一室のドアを開けると、そこが図書館であった。私が感動したのは、小さな図書館にもかかわらず、利用者にあわせてスペースがきちんと分けられていたことである。一つ一つはとても小さいが、成人図書コーナー、ティーンの図書を集めたヤングアダルトコーナー、児童図書コーナー、新聞・雑誌のコーナー、視聴覚資料のコーナーと、それぞれ独立したスペースが確保されていた。

こんな小さな図書館なのだから、成人図

集合住宅の一階にある図書館（ビスペビェア図書館）

書とティーンのコーナーをわざわざ分けないほうが管理しやすいと思うのだが、利用者の目的をきちんと把握してサービスを行うという図書館の原則がきちんと守られているのだ。

司書は若い男性と年配の女性の二名体制で、利用者の要求にキビキビとこたえていた。ほかの図書館と比べるまでもなく小さいため、司書と利用者の関係に親密さが感じられた。

利用者は思い思いの場所で、それぞれの目的にあわせて資料を閲覧したり、本を選んだり新聞を読んだりしている。新着図書の展示の仕方、窓辺に置かれた植木鉢など、小さな図書館ならではの工夫と温かみがある。自分の家の近くにこんな図書館があっ

ヤングアダルトコーナー（ビスペビェア図書館）

たら……と思わせてくれる温かい雰囲気がビスペビェア図書館には流れている。

## 駅の中にあるミニライブラリー——ティスヴィルデ図書館

先にも述べたが、デンマークの公共図書館は、行政改革や公的財政支出削減の影響を受けて、現在、複合施設化が進んでいる。最近、デンマークに現れつつあるのは、図書館と郵便局の複合施設である。しかもそこでは、司書が郵便業務を代行しているのだ。こうしたタイプの施設は、どちらかと言えば郊外にある小さな図書館に見られる。ここでは、シェラン島の最北端にあるティスヴィルデという町の図書館を紹介しよう。

ティスヴィルデには美しい砂浜があって、夏は多くの観光客でにぎわうが、それ以外のシーズンは人口がめっきり減ってしまう所である。ここの小さな駅には、郵便局が併設されている図書館がある。郵便局と図書館の組み合わせが増えてきたとはいえ、駅までが一緒になっているのはここぐらいだろう。

ティスヴィルデ・ミニ図書館は、グリブスコウ（Gribskov）・コムーネの図書館ネットワークの傘下にある図書館で、「ミニ図書館」の名の通り本当に小さな図書館である。このミニ図書館は鉄道の最終駅にあって、「司書は図書館業務を行う傍ら郵便業務を代行し、さらに乗車券の販売まで担当している。

私がこの図書館を訪れたのは、一月中旬の平日であった。コペンハーゲンからティスヴィルデに行くためには、ヒレレズ（Hillerød）という町まで行き、そこから三両編成のローカル電車に乗り換えなければならない。シカやウサギが出てきそうな森のなかを列車で走っていくと急に視界が開け、そこが鉄道の終着地点ティスビルデだった。駅に降り立つと、改めてコペンハーゲンからずいぶん離れた所まで来たという感じがする。なにしろ、線路はそこで終わっているし、電車の本数は一時間に一本しかない。

こんなに小さな町なのに、私が図書館に滞在していた一時間ぐらいの間、利用者が途切れることはなかった。郵便を出したり、

のどかな終着駅ティスビルデ

予約していた図書を取りに来たりと、それぞれの用事を済ませるために次から次へと利用者がやって来る。町の規模が小さいので司書はみんなと顔見知りで、利用者一人ひとりに親しく声をかけながら業務をこなしていた。

ティスヴィルデ図書館の大きさは、おそらく五〇平方メートルに満たないだろう。そのような狭い空間に、三つの業務をこなすために必要なスペースと専門の用具が揃っている。それぞれの業務を行うためのコーナーは独立しており、司書は各コーナーを移動しながら仕事をこなしていた。このような狭いスペースにかかわらず、書架も五連ほど用意されている。雑誌コーナーの脇には机と椅子が置かれていて、その場で図書や雑誌を読むこともできる。雑誌架のすぐ隣に、郵便物を送るための紙製のパック（日本のレターパックのようなもの）が並べて置いてあるのがこの図書館らしい。

部屋の奥まった所に、児童図書とおもちゃが置かれた児童コーナーを発見した。こんなに小さな図書館でありながら、図書館の基本機能がぎゅっと詰め込まれているところにデンマークの図書館の底力を感じた。図書館の開館時間は、平日一二時半から夕方四時半、土曜日は一〇時から一二時までとなっている。おそらく、デンマークでもっとも開館時間の短い図書館に入るだろう。

小さな図書館がどれだけきちんと機能しているかということが、その国の図書館サービスのレベルをはっきりと映し出す鏡となる。コペンハーゲン・コムーネの最少規模の図書館ビスペビェア図書館やミニ図書館と称するティスヴィルデ図書館を訪れて、私はそのことを改めて実感した。

この二つの図書館は、小さい図書館だけがもつ親密で温かい雰囲気と必要最小限の図書館機能を兼ね備えた、まさにそこに住んでいる人びとのための図書館であった。「すべての住民に情報の平等なアクセスを保障する」というデンマークの公共図書館の理念が、ここでも見事に結実していた。デンマークの公共図書館の実力に、脱帽せざるを得ない。

郵便用品の隣が雑誌コーナー（ティスヴィルデ図書館）

## 9 図書館が私たちの学校——ヴォルスモーセ図書館

アンデルセン（H. C. Andersen）の出身地で有名なオーゼンセ（Odense）は、デンマーク第三の都市である。コペンハーゲンからは急行列車に乗って、一時間半ほどでオーゼンセに到着する。駅前から数分歩いた一角にアンデルセンの生家があって、その隣に世界中からファンが訪れるアンデルセン博物館がある。この一帯では毎週朝市が開かれ、オーゼンセ市民は新鮮な食品を購入するのを楽しみにしているそうだ。

オーゼンセ・コムーネには、中央館一館と分館が九館ある。中央館はデンマーク国有鉄道（DSB:Danske Statsbaner）のオーゼンセ駅の中にあり、多くの人びとが利用する活気のある図書館である。オーゼンセもまたデンマークを代表する観光都市であるため、マイノリティ住民がたくさん住んでいる。私のお目当ては、イスラーム系住民が多く住むヴォルスモーセ地区にある分館だった。ヴォルスモーセ図書館（Vollsmose Bibliotek）では、マイノリティ女性の自律的学習とエンパワーメントに焦点を当てたプロジェクトを数年前から立ち上げていて、その活動の様子や成果が図書館界で話題になっていたからである。

### 最初のプロジェクト「新聞を一緒に読む」

ヴォルスモーセ図書館が、マイノリティ女性をターゲットにしたプロジェクトをはじめたのは二〇〇四年である。そのときに実施されたのが、デンマーク在住一〇年以上の移民・難民の女性を対象とした「新聞を一緒に読む（Vi Læser avisen-Sammen）」というプログラムだった。デンマーク社会で孤立しがちで、生活上の情報を十分得ることができない移民・難民の女性を対象としたこのプログラムは、参加者全員でデンマーク語の新聞を読み合うことを通じてデンマーク社会への興味と理解を深めるというものである。

このプロジェクトに参加した人びとの「気付き」はさまざまだったらしい。「新聞なんて自分とは関係ない」とか「デンマーク語の新聞は難しいから読みたくない」と言っていた人たちが、プロジェクトを通じて一緒に新聞を読むことで身近な話題を記事のなかに発見したり、自分と社会のつながりを感じたりできるようになっていった。これがきっかけとなって、ヴォルスモーセ図書館ではマイノリティ女性を対象としたプロジェクトをその後も精力的に展開し、デンマークの公共図書館のマイノリティサービスのリーダー的な存在となった。

### 分館にたどり着くまでのハプニング

今回の訪問では、事前にアポイントメントをとっていた移民サービス担当司書のベンテ・ロン・ヴァイスビェア（Bente Lund Weisbjerg）さんと、移民サービス担当職員のドーデ・ダウゴー・ニルスン（Dorthe Daugaard Nielsen）さんからヴォルスモーセ図書館のプロジェクトについて説明してもらうことになっていた。それなのに、訪問の当日、私は大失敗をしてしまった。

ヴォルスモーゼ図書館への交通手段は、オーゼンセ駅から出ているバスだけしかない。前夜、私は地図やバスの時刻表をインターネットで調べ、それらを印刷しておいた。当日、その紙を握りしめてバスに乗ったまではよかったのだが、降りたバス停がどうやらまちがっていたらしい。人通りの少ない寂しい道を歩きはじめたのだが、図書館があるショッピングセンターらしきものがまったく見えてこない。歩いている人に尋ねてみても、「知らない」という答えばかりが返ってくる。絶望的な気分で次の人にまた尋ねて、ようやく知っている人にめぐりあえた。しかし、その人が指差した先ははるかかなたの建物だった。完全な遅刻である。

移民・難民サービスのプロジェクトリーダーであるベンテ・ロン・ヴァイスビェアさん

遠くに見える図書館をとにかく目指して歩き出し、待ち合わせの時間に一〇分ぐらい遅れてヴォルスモーセ図書館にたどり着いた。「一〇分くらいだったら遅刻ではない」と考える読者の方も多いと思う。しかし、地図が読めないことを自らの最大の弱点と自認する私は、知らない場所に行くときにはかなり周到な準備をして現場に向かうようにしている。国内でも事前に念入りに行き先を調べ、無駄になることも多いが一応地図もコピーして、どんなに迷っても一五分前には約束の場所に到着するように逆算してから出発している。ましてや、異国での待ち合わせである。デンマークにいるとき、私はさらに余裕をみて行動をするようにしていた。だから、一〇分の遅刻といっても、私にとってみれば一時間の遅刻に相当するぐらいの重大な失敗を犯したことになるのである。

図書館の入り口には、二人の女性が立っていた。私がなかなか着かないので、ヴァイスビェアさんとニルスンさんが心配して図書館の外で待っていてくれたのだ。

## 図書館はエンパワーメントと学習のための空間

挨拶もそこそこに、早速、図書館の話をいろいろと聞いてみた。ヴォルスモーセ図書館がマイノリティサービスを本格的に開始したのは、社会省（Socialministeriet）から図書館に学習センターを設立するための補助金が下りたことがきっかけだった。このときから、ヴォルスモーセ図書館では「図書館をエンパワーメントと学習のための空間に」という目標を掲げて、住民が図書館を拠点として生涯学習に取り組むための体制づくりがはじまった。

ヴォルスモーセ図書館は、この地区に住んでいる女性たちのコミュニティ活動を支援している。地名にちなんで「モーセ女性会」と名付けられた女性グループは、二週間に一度、図書館に定期的に集まって活動している。参加者の半数以上がエスニック・マイノリティだという。

移民・難民の文化的な背景を参加者同士が学び合う企画は、図書館がとくに熱心に取り組んでいるプログラムである。たとえば、二〇〇九年一月には、イスラーム教徒のデンマーク女性がイエメンでの生活体験を語るという講演会が開かれた。図書館に隣接する文化センターの大ホールで開催さ

図書館でのマンツーマンの学習風景（ヴォルスモーセ図書館）

れたこの講演会には、平日の昼間にもかかわらず四〇名もの女性が集まり、関心の高さをうかがわせた。「モーセ女性会」の活動の様子は、図書館と同じ建物のなかにある「ヴォルスモーセ新聞（Vollsmose Avisen）」という地元新聞にも頻繁に掲載されているようだ。

図書館の館内には、住民のコンピュータスキルの修得や生涯学習を目的とした学習センターが設けられている。ここにはコンピュータが二〇台ほど置かれていて、あらかじめ予約したうえで身分証明書を提示して利用するようになっている。職員も常駐しているため、適宜コンピュータの使い方を教わることもできるし、メールの作成、インターネット情報探索のほか、就業のための情報探索、デンマーク語の学習などもこのコーナーで支援していた。

### マイノリティの雇用を創出する

図書館のようにマイノリティ住民がたくさん利用する公共施設には、本来ならばマイノリティの職員を配置することが望ましい。しかし、マイノリティに対するサービスに実績のあるデンマークの公共図書館でも、マイノリティ職員の雇用はなかなか進んでいない。

こうした現状を打破するためにオーゼンセ・コムーネの図書館では、コムーネからの助成を受けて二〇〇〇年から二〇〇一年にかけて「異文化間の溝を埋める雇用プロジェクト」を立ち上げた。図書館の出した公募には一三〇名もの応募があり、最終的には一一名の移民・難民が図書館での研修に参加した。一年間にわたるコンピュータスキル、貸出業務、利用者サービスといった図書館サービス全般を含む研修を終えたあと、六名が図書館の一般職員、システム管理担当職員、異文化担当職員、企画立案担当職員として職を得ている。

研修生であるマイノリティとマジョリティである図書館職員が異文化のギャップを埋め、相互理解に至るまでにはさまざまな軋轢と困難があったと言う。マイノリティ研修生を図書館に受け入れることによって、それまでの職場環境がいかにマジョリティ文化を中心としたものであったかも明らかになったようだ。結果的にこのマイノリティ雇用プロジェクトは、組織全体の変革の必要性を浮き彫りにすることとなった。

図書館におけるマイノリティ利用者へのサービスに関してはすでに長い歴史をもつデンマークであるが、今後はさらにもう一歩進めて、マイノリティ職員の雇用によってより厚みのあるサービスを展開していくことが求められている。これは、図書館運営の現場にマイノリティの視点を反映させることを意味している。オーゼンセ図書館のマイノリティ雇用のプロジェクトははじまったばかりだが、図書館界はこの取り組みを興味深く見守っている。

# 10 コミュニティプロジェクトとしての図書館サービス——ゲレロプ図書館・ハスレ図書館

オーフースは、ユラン半島の東岸に位置するデンマーク第二の都市である。コペンハーゲンからは、特急を使えば三時間ほどで到着する。私がオーフースを訪ねた日はあいにくの大雪で、朝にコペンハーゲンを出発した列車が途中で立ち往生して別の電車に乗り越えるというハプニングもあったが、なんとか昼過ぎにはオーフース駅にたどり着いた。オーフースには、美術館、博物館、遊園地、コンサートホール、劇場などの文化施設がたくさんあり、文化の街として知られている。また、オーフース大学があるためか、街は若者の活気にあふれている。

オーフース図書館は、二〇〇四年、図書館サービスで優れた成果を挙げた図書館に授与されるビル・アンド・メリンダ・ゲイツ財団の「学習へのアクセス賞」(6)を受賞しており、デンマークで

(6)「ビル・アンド・メリンダ・ゲイツ財団（Bill & Melinda Gates Foundation）」は、元マイクロソフト会長ビル・ゲイツ（Bill Gates・一九五五〜）と妻メリンダ・ゲイツ（Melinda French Gates・一九六四〜）が二〇〇〇年に創設した慈善団体。「学習へのアクセス賞（Access to Learning Award）」は、コンピュータやインターネットを通じた情報への自由なアクセスの推進において顕著な役割を果たした公共図書館やその他の団体を表彰するもので、北欧では二〇〇〇年にフィンランドのヘルシンキ公共図書館が受賞している。

もっとも有名な図書館と言える。受賞理由の一つは、移民・難民居住区の分館における地域に密着したサービスであった。私がオーフースを訪問したのも、受賞理由となった分館のゲレロプ図書館（Gellerup Bibliotek）とハスレ図書館（Hasle Bibliotek）を訪ねるためであった。

ゲレロプ図書館とハスレ図書館は、オーフース・コムーネでも移民・難民がたくさん住む地区にある。この二つの図書館は、住民の社会参加をめざす「プロジェクトCCG（Community Center Gellerup）」をここ数年間にわたって展開してきた。

このプロジェクトには司書とボランティアと住民が連携して行うコミュニティ活動が含まれていて、図書館はボランティアセ

オーフースの運河沿いに並ぶカフェ

ンターなどと連携して、学習支援を行ったり住民がＩＴスキルを取得するためのインフォーマルな学習の場を提供している。デンマークでは、図書館のプログラムと言えば司書が企画・実施するものが圧倒的に多く、住民はただ参加するだけである。ゲレロプ図書館のように、住民企画型のプログラムというのはかなりめずらしい。

プロジェクトで主導的な役割を果たしてきたのが、ベテラン司書のローネ・ヒーゼロン（Lone Hedelund）さんである。ヒーゼロンさんによると、この地区ではエスニックマイノリティの居住率の高さゆえに五〇種類を超える使用言語があり、住民同士のコミュニケーション手段が複雑となっている。それ以外にも、オーフースのほかの地域に比べて低所得者が多いことや教育を十分に受けていない難民が多いといった問題を抱えている。ハスレ図書館もゲレロプ図書館も、こうした厳しい条件に置かれている住民が主なサービス対象となっているのである。

移民・難民サービスの第一人者
ローネ・ヒーゼロンさん

## 図書館は生活支援センター

ゲレロプ図書館は、生活上の困難な問題を抱えているマイノリティ住民を総合的に支援するコミュニティセンターとしての役割を果たしてきた。図書館内には住民情報センターが置かれ、それぞれの住民が母語でさまざまな問題が相談できるよう、デンマーク語のほかにアラビア語、トルコ語、ソマリ語、英語、フランス語、ペルシャ語、クルド語、スワヒリ語が話せる九名のスタッフが対応にあたっている。

また、週に一度は弁護士が図書館を訪れて無料で法律相談を行っている。役所とは違って、匿名での相談も受け付けているところが図書館ならではの特徴と言えるだろう。住居、福祉サービス、市民権、就職、教育問題などの相談が多いそうである。

さらにこの図書館には、オーフース・コムーネ労働局の職業安定所と西オーフース地区社会福祉事務局とゲレロプ図書館が共同で管轄する就業コーナーが併設されていて、就職情報サービスも行っている。就業コーナーも、住民情報センターと同様に匿名での相談が可能となっている。通常、デンマークの図書館ではコンピュータからの出力データをプリントするときには実費を徴収しているが、このコーナーでは、失業者の経済状況に配慮してプリントアウトは無料となっている。

ゲレロプ図書館では、移民・難民のＩＴスキル取得に向けたサービスにも力を入れている。移民・難民の学習をサポートするのは、「ITガイド」と呼ばれる地元のボランティアグループである。「ITガイド」は、これまで住民向けのコンピュータ講座を開催したり、自主勉強会を行ったりして、図書館を拠点として情報技術に関連する活動を行ってきた。現在のメンバーは一五名で、イラン人が中心となっているそうだ。

### 保健師・歯科衛生士・助産師が常駐する図書館

オーフース・コムーネにあるほかの地域と比べて、ゲレロプ地域は総人口に対して子どもの占める率が高いだけでなく出生率も高いため、ゲレロプ図書館では「健康相談室」を設けて、これまでさまざまな健康相談を行ってきた。平日には、保健師、歯

住民情報センター（ゲレロプ図書館）

科衛生士、助産師が図書館に待機して、相談の受付を行っている。なかでも力を入れているのが助産師による妊産婦へのカウンセリングである。相談は予約なしで可能となっており、イスラーム系住民が多いゲレロプ地域の特徴を考慮してアラビア語でカウンセリングが行われている。

健康相談室は、図書館の入り口から一番奥の所に設けられている。この部屋に行く途中にマイノリティのために図書が置かれた書架があるが、相談室はちょうどその後ろ側に位置している。マイノリティの利用者は、母語資料が置かれた書棚から自然な動線で相談室に導かれるとともに、人の目を気にすることなく健康相談室に行けるようになっている。

妊産婦相談室（ゲレロプ図書館）

健康相談室では、妊産婦のライフスタイルや健康のための運動や栄養知識、避妊についての知識、子どもの病気、乳幼児を迎えるための準備などをテーマにした講座がこれまでに実施されてきた。また、移民の子どもたちに虫歯が多かったために相談室で歯磨きの指導をしたところ、地区全体の虫歯の発生率を抑えることができたそうである。

ゲレロプ図書館は、もはや通常の図書館の役割を越えて、この地区の生活センターとしての役割を果たしていると言える。日本にもこんな図書館があれば……と思うのは私だけだろうか。

## 全例のないプロジェクトに情熱を傾ける

一日かけてゲレロプ図書館とハスレ図書館を案内してくれたCCGプロジェクトの主宰者であるヒーゼロンさんは、現在、二つの図書館の運営を一手に引き受けているために毎日大忙しである。大きなかばんの中には図書館の資料がぎっしりと詰まっていて、バスを待つ時間にもほかの図書館に電話をかけて打ち合わせをしているほどだ。デンマーク人にはかなりめずらしいタイプだと思うのだが、ヒーゼロンさんは家にまで仕事を持ち帰っていると言う。「日中は会議や打ち合わせが多くて、自分の仕事をする時間がなかなか取れないから」と、にこやかな表情で話してくれた。

ゲレロプとハスレ地区のコミュニティプロジェクトは、国際的にも高く評価されている。ヒーゼロンさんは、司書の国際会議に出席してゲレロプ図書館で進行中のプロジェクトについて発表したり、図書館関係の雑誌にプロジェクトを紹介するなど、ゲレロプ地区での体験を図書館界で共有するための努力も怠っていない。

図書館が中心となって移民・難民の生活支援という前例のないプロジェクトを現実に動かしていくためには、ヒーゼロンさんのような仕事熱心な人が中心にいないとだめなのかもしれない。ただ説明を聞いて、彼女に付いて歩いただけなのにぐったりと疲れてしまった私はそんなふうに思った。

二〇一〇年八月、私は二年ぶりにデンマークを訪れた。相変わらず大勢の利用者がいてにぎやかであることは変わりなかったが、細かいところではいろいろな変化を目にした。二年前に図書館界がもっとも力を入れていた宿題支援サービスはすっかり定着していて、ほかのサービスに溶け込んでいた。そして、分館の閉鎖が問題になっていたルングビュー図書館はブックモービルを走らせるようになった。図書館とコムーネの他の組織との連携はますます進み、いまや「市民センター（Medborgercentre）」がデンマークの公共図書館の新しいコンセプトとなっている。

一方で、中止されていたサービスもあった。デンマークでもめずらしく、夜間開館に踏み切ったソンビュ図書館（Sundby Bibliotek）の試みは一年しかもたなかったそうだ。図書館を夜間に訪ねる利用者は思っていたほど多くなく、とくに図書館側が期待していた新しい利用者の獲得には結び付かなかったのが中止の理由だそうである。どうしたら利用者が増えるのかを考え、常にさまざまなアイディアを試しているデンマークの図書館だが、導入したサービスに思うような効果が出ないときの方針転換の早さには驚かされる。でも、そんな柔軟性もまたデンマークの図書館が常に成長を遂げている秘密なのかもしれない。伝統的なサービスを継承しながら進化し続けるデンマークの公共図書館から、当分は目が離せそうにない。機会があれば、新たな公共図書館の姿をまた読者にお伝えしたいと思う。

# 第4章 デンマークの読書事情

## ――さまざまな読書のスタイル

運河に面したデッキで読書をする

本章では、「デンマーク読書事情」と題して、デンマークの図書館や読書にかかわるいくつかのトピックを集めてみた。まず最初に、私がデンマーク滞在中に行ったインタビューを通して、デンマークのごく普通の人びとの図書館とのかかわりや普段の読書スタイルについて見ていきたいと思う。次に本をめぐる話題をいくつか提供し、最後にデンマークで始まった究極の図書館とも言える「リビング・ライブラリー」を紹介したい。

## 1 図書館に集まる人びと——ライフスタイルによって異なる図書館の使い方

これまで、日本においていろいろな形で紹介されてきた北欧の図書館ではあるが、そのほとんどが「図書館側の視点」で書かれたものだった。たしかに、私たちが北欧の図書館サービスから学ぶべき点は多々あり、北欧の図書館がどのようなサービスを提供しているのかを知ることはとても大切なことである。だがその一方で、私は今までに出版された本のなかに、利用者の存在がほとんど見えないことに不満を感じていた。

図書館サービスは、図書館を使う多くの利用者がいるからこそ存在しているものだ。デンマークの図書館を理解するためには、利用者についても知る必要があるのではないかと思っている。

それゆえ、デンマークへの長期滞在が決まったとき、まっ先に浮かんだ計画が図書館利用者へのインタビューだった。デンマークの人びとは、図書館をいったいどんなふうにとらえているのだろうか。デンマークの人びととの生活のなかで、図書館はどのような位置づけにあるのだろうか。こうしたことを実際に利用している人たちに尋ねれば、デンマークの図書館の秘密が少しでもはっきりするのではないかと期待したのである。

本節では、私がデンマークの公共図書館で出会った利用者に対して行ったインタビューを通じて、図書館利用者の姿を浮き彫りにしていきたいと思う。インタビューに応じてくれたのは、図書館によく出入りしている住民、図書館でボランティア活動にかかわっている人、図書館の常連、ごく普通に図書館を利用している人などさまざまであるが、いろいろな人の話を聞くことで、デンマークに住む人びとにとって図書館がどんな存在なのかが少しずつ見えてきたように思う。

### カーアン・スアレス・クラベさん

クラベさんは、ソルヴァン図書館の図書館住民委員会のメンバーで、二人の子どもをもつ女性医師である。図書館住民委員会のメンバーとして、定期的に図書館に来館している。委員会の打ち合わせ以外に、プライベートで図書館を利用するのは月に四回程度とのことであった。そのうち二回は、子どもとともに来館して児童室でゆっくりと過ごしているようだ。あとの二回は予約しておいた本をピックアップするために立ち寄るだけなので、滞在時間はとても短いということだった。

クラベさんに、「司書から、資料について専門的な助言をもらったりすることはありますか？」と尋ねたところ、「以前は図書館でよく質問をしていたけれど、インターネットで本の情報が簡単に入手できるようになってからは質問をすることはほとんどなくなった」という答えが返ってきた。しかし、そのあと、次のようなエピソードも話してくれた。

クラベさんが閉館時間ぎりぎりに図書館に飛び込んで、子ども向けの本を選んでもらったときのことである。児童図書を担当している司書が、子どもの年齢や本の好みなどを聞いただけで瞬時に適切な本を選んでくれたというのだ。図書館から持って帰った本をお子さんはとても気に入ったそうで、クラベさんは「改めて、司書の本選びの実力に脱帽した」と話してくれた。

「デンマークで公共図書館がよく普及している理由は？」と聞くと、クラベさんは「学校図書館の影響が強いのではないか」と答えてくれた。デンマークでは、子どものときに学校図書館を頻繁に利用するため、図書館という場所になじみがあって、成人になってからも公共図書館を利用するのではないか、というのがクラベさんの考えであった。

### ケイト・ホルム＝フィェルスタさん

ホルム＝フィェルスタさんは、ヴァンルーセ図書館住民委員会のメンバーである。現在、非常勤職員を務めるかたわら、社会人学生として大学で図書館情報学を勉強している女性で、ティーンエイジャーの子どもが二人いる。

彼女の公共図書館との出合いは、小学校のときに先生から公共図書館を紹介されたことがきっかけだったそうだ。デンマークの学校では、授業中に、クラス全員で公共図書館に出かけていく時間がある。そのため、子どもたちにとって、公共図書館の児童コーナーの司書はとても身近な存在であるし、「小学校高学年になると、学校で出た課題について公共図書館の司書に相談するのはごく当たり前のこと」であるらしい。

ホルム＝フィェルスタさんは、図書館住民委員会のメンバーとしてだけではなく、普通の利用者としても地元の図書館を頻繁に訪れている。彼女は、書店にもよく行くし、三つのブッククラブの会員にもなっていて、そこからも図書を購入している。それでも、平均すると書店で購入するよりも図書館から借りる本の数のほうが多い

ケイト・ホルム＝フィェルスタさん

そうだ。お話を聞いていると、とくにか彼女が読書好きであることがよく伝わってきた。お母さんの影響を受けてか、二人のお子さんも公共図書館をとてもよく利用している。

## サブリーナ・コックさん

コックさんは、ソルヴァン図書館で、宿題カフェのボランティアをしている大学生である。すでに結婚していて、子どもが一人いる。

コックさんの場合、小さいころは公共図書館にほとんど行かなかったそうだ。その理由は、図書館が歩いて行ける所になかったからだ。ただし、読書好きな子どもだったようで、本を買うことがとにかく楽しみだったという。コペンハーゲンに引っ越してきてからよく図書館に行くようになり、今では図書館がとても身近なものになったそうだ。

コックさんに、「北欧では本が高価で、本を買うのは個人にとってはかなり負担になるので図書館がよく利用される」という通説について質問してみたところ、彼女自身は、図書館でも本を借りるし、自分の好きな作家の本を買うこともあり、図書館と書店を使い分けていると答えてくれた。

「ペーパーバック版を購入したり、バーゲンセールなどを利用すれば、本を購入することはそれほど負担にならない」とも言っていたところを見ると、「本の値段が高いから北欧の図書館の利用率が高い」という説は、どうやらわれわれの思い込みの部分がかなりあるようだ。本の値段が高いのは事実だが、そもそも北欧は物価全般が高く、本だけが飛び抜けて高価というわけではない。

コックさんは、地元のソルヴァン図書館の雰囲気をとても気に入っているようだった。「図書館に来ることで、コミュニティとのつながりを強く意識することができるし、その感覚がとても心地よい」と話してくれた。ボランティア活動のほかに、週一回、子どもと一緒に来館するというのが現在のコックさんの図書館利用スタイルになっている。

## アニニャ・ヒリーネ・グランさん

今まで登場したのは、図書館住民委員会のメンバーだったり、図書館でボランティアをするなど、どちらかといえば図書館にかかわりの深い人たちである。ここで、ごく普通の利用者として大学院生のアニニャに登場してもらおう。

アニニャは、私が留学していた情報学アカデミーで図書館情報学を学ぶ大学院生だが、つい最近まで

アニニャ・ヒリーネ・グランさん

別の大学で自然エネルギーについて勉強をしていたので、ごく普通の図書館利用者と言えるだろう。

アニニャは、図書館との付き合いは就学前からはじまったと言っている。高校の教員をしているお母さんが、彼女を毎週三回図書館に連れていってくれたからである。修学前の子どもたちが保護者に連れられて図書館に行くという話はよく聞くが、週三回というのはかなり多い。よほど図書館好きのお母さんだったのだろう。

学校図書館もよく利用したし、高校時代は、「司書教諭の手伝いをするのがとても楽しかった」と話してくれた。当時、学校図書館には導入されたばかりのコンピュータがあり、それに触れるのも楽しみだったそうだ。

アニニャの学校では、週一度、学校図書館に行く時間があり、四〇分間の授業の間、図書館で自由に過ごしてよいが、最後に図書館から本を借りて、その感想を次の週までにまとめるというのが課題になっていたそうだ。自らの経験からアニニャは、デンマーク人が図書館をたくさん利用するのは、保護者と学校図書館、その両方の影響ではないかと話してくれた。

## ヒバ・スウェイダンさん

ヒバは、ヴォルスモーセ図書館の宿題カフェに二〇〇八年秋から参加している高校生である。

インタビュー当時は高校の最終学年だったので、高校の卒業試験に備えて、ほぼ毎日宿題カフェで勉強をしていた。

ヒバは一歳のときにデンマークに移住してきた移民二世で、デンマーク語とアラビア語のバイリンガルである。彼女と図書館の関係はかなり幼いころからはじまっていて、小学生のころには、図書館通いがすでに生活の一部になっていたという。図書館が小学校の通り道にあったことが、図書館に通うようになった理由らしい。

小学生のころは、図書館で本を借りるほか、図書館で友達と会っておしゃべりをするのが楽しみだったとも言う。また、司書とも顔見知りになって、図書館で行われた児童対象のプログラムにボランティアとして参加したという経験もある。

ヴォルスモーセ図書館は、とても居心地がよく、リラックスできる空間だと話してくれた。宿題カフェでは集中して勉強することができるし、マンツーマンで勉強を教えてくれるボランティアもいるので、毎日宿題カフェに通って、苦手な政治の勉強に精を出しているということだった。「図書館についてのイメージは？」と尋ねたところ、「図書館は、私にとってすごく重要な場所。私は本のある光景がとても好きだし、本を見ていると知的な気持ちが満たされる感じがする」と話してくれた。日本にとても興味があるヒバに、デンマークでも人気のある村上春樹やよしもとばななの本を紹介したら、「あなたが紹介してくれた二人の作家の作品は、私にとってかけがえのないものになりました！　メールをもらったあと、すぐに図書館に直行して村上春樹の『国境の南、太陽の西』を借りてきて読んだけれど、今まで読んだどんな本にも似ていなかった……。細かいところにすごくセンスがあって……。今は、『ねじまき鳥クロニクル』を借りてきて読んでいるところ。こちらもすごくミステリアスで、ワクワクしながら読んでいます」という感想が後日届いた。

デンマークではマイノリティの図書館利用が増えているが、なかでもヒバのようなイスラーム系の若い女性にとっては、家庭と学校以外の居場所として、公共図書館はいまやなくてはならない空間になっている。

## 一番長く図書館に滞在する人、ほとんど利用しない人

ここまでのインタビューに登場した人は、ほとんどがフルタイムの仕事をもつ職業人や学生で、仕事や勉強の合間を縫って図書館に通っている人たちであったが、実は、デンマークで一番長く図書館に滞在しているのは仕事を引退した人びとである。

退職した人たちは、男女の区別なくとてもよく図書館を利用している。デンマークでは六〇代で仕事を引退するのでまだまだ元気な人が多いのだが、なかには杖をついて図書館に来る人もいるし、目の前の本を取り出すのが困難なほどの高齢者がいたり、電動車椅子で来館する人もよく

見かける。司書は、そういう人たちにはとりわけていねいに接している。利用者のほうも司書をとても信頼していて、自分が借りる本を、長い時間かけて司書に相談するという姿をとくに分館でよく目にした。

デンマークに長期滞在して図書館のことを詳しく調査するまで、デンマークでは性別や世代を問わず、誰もがみんな公共図書館を頻繁に使っていると私は思い込んでいた。しかし、それはある意味で幻想だった。

本章でインタビューをした人びとからも、「私は図書館を使うけれど、ボーイフレンドはまったく図書館に行かない」とか、「夫の家族は図書館にとてもよく行くけれど、私の実家では図書館に行く習慣がなかった」という話を聞いた。図書館大国デンマ

図書館通いが日課になっている人もいる
（出典：『オーフース図書館年報　2007』６ページ）

ークでも、図書館を利用しない人びとがもちろん存在するのである。

一般的な傾向として、フルタイムで勤務をもっている人びとは、そうでない人びとと比べると公共図書館の利用は少ない。というのも、これまでにも紹介したように図書館の平日の開館時間はデンマークの通常の勤務時間とほぼ重なっているからである。さらに、デンマークの図書館は土曜日の開館時間が短く、日曜日は基本的に閉館しているので、フルタイムの職業をもっている人びとにとっては図書館を利用したくてもできないのかもしれない。

## 利用者の偏りは許される？

デンマークの公共図書館は、すべての住民への平等なサービスを理念として掲げている。だが、全住民が均等に図書館を利用しているわけではない。実際に図書館をよく利用するのは、子どもとその保護者、高齢者、マイノリティ住民で、人口比率から見ると利用者には明らかに偏りがある。

一般論として、公共施設に利用者の偏りがある場合、それは運営上の問題点として見なされ、偏向を是正するために何らかの対策が講じられる。しかしながら、デンマークの公共図書館では、利用者の偏りを必ずしも運営上の失敗とは見なしてはいない。ちなみに、図書館側の考え方は次のようなものだ。

公共図書館は、生涯を通じて常に一定の頻度で訪れる場所ではない。むしろ、どちらかと言えば、人生のある特定の時期に利用が集中する傾向にある。しかも、いつ利用されるのかは、個人のライフサイクルによってそれぞれ異なっているから、大切なのは、コミュニティに安定して図書館が存在していることである。

「生涯のさまざまな段階において、公共図書館が必要となる」という考え方は、デンマークの公共図書館の存在意義についてたしかな根拠を与えているように思える。住民が図書館を求めたときに図書館サービスを提供できるようにするためには、コミュニティのなかに安定的に公共図書館が存在する必要がある。住民もまた、図書館を利用するしないにかかわらず、図書館が地域に存在していることが民主主義社会の証だと考えているところがすごいと言える。

図書館を日々の生活の拠り所として利用する住民と、利用しないけれども図書館の存在を支持する住民の両方によって、デンマークの公共図書館は支えられているのだろう。

いろいろな人びとから図書館とのかかわりを聞くなかで、とくに私の印象に残ったのは、「図書館は空気のような存在で、デンマークに暮らしていれば図書館を使うことは当たり前」という感覚をデンマークの人びとがもっていたことである。デンマークの図書館の利用率が世界でトップクラスでありつづける理由は、図書館に対するこのような感覚にありそうだ。

## 2 デンマークの四季と読書

ここからは、私がデンマークに八か月滞在していた間に経験した、北欧の読書にまつわるさまざまなトピックを紹介していくことにしたい。北欧は国を問わず読書好きの人が多いわけだが、図書館がにぎわう理由を、日常生活のふとしたときに発見することがたびたびあった。

### 春から夏へ――屋外での読書

夜遅くまで明るい夏と、極端に日が短い暗い冬――コペンハーゲンに住みはじめるまで私は、この二つの季節のあり方が図書館の利用にも大きな影響を果たしているのではないかと思っていた。つまり、戸外で過ごすことが多くなる夏の間は図書館がからっぽとなり、冬の間は家の近くの図書館で過ごすというのが外出の定番となって図書館は常に超満員――そんなイメージを思い描いていたのである。

ところが、季節による図書館の様子は、私が考えていたイメージとは少しずれていた。コペンハーゲンに住みはじめたのは八月の初めだったが、図書館は閉館もしていなければ、利用者がまったくいなくなってしまうというわけでもなかった。図書館で働く職員の多くがこの時期に休暇をとるために、六月から八月まではいつもよりスタッフの数は減ってしまう。また、休暇に出かけている人が多いので、利用者も若干少なめではあるが、どこの国でもそうであるように「夏こそ読書を」と思う人がいるということである。

どこの図書館も、夏季休暇のシーズンになると「夏の読書案内」や「バカンス先での読書案内」と称したパンフレットを用意して、人びとの読書意欲をかきたてるようにさまざまな工夫をこらしていた。その特例とも言えるのが「砂浜図書館（Strandbiblioteket）」である。

美しい砂浜がたくさんあるコペンハーゲンの図書館では、六月下旬から八月末まで、晴れた日に移動図書館（トラック）が海岸に出張してくる。このトラックに積まれているのは本だけ

砂浜図書館（出典：コペンハーゲン中央図書館の PR カード）

ではなく、ビーチチェア、パラソルといった海辺の読書に欠かせない道具も貸し出せるように用意されている。また、最近の新しい試みとして、音楽プレーヤーと音楽ソフトの貸し出しも行われるようになっている。そこには、「砂浜での読書を心ゆくまで楽しんでください」というメッセージが込められているようだ。利用者は、この時期しか楽しめない砂浜図書館で読書をしながら、一年分の太陽を身体と心に蓄えているのだ。

## 秋から冬へ——本格的な読書シーズン

夢のような夏はあっという間にすぎ、日本と違って九月に入ると新学期のシーズンとなる。そして、気温が徐々に下がり、一〇月末ともなると本格的な寒さがやって来る。一一月の末には零度近くになる日もあって、そのころに初雪が降る。

デンマークの首都であるコペンハーゲンは北緯五五度に位置し、日本の最北端である稚内市（北緯四五度）より北に位置しているが、デンマークの周りにはメキシコ湾からの暖流が流れ込んでいるため、冬でもそれほど気温が下がることはない。むしろ、この時期の最大の問題は、太陽が出ている時間が短いことである。そして、コペンハーゲンについて言えば、常に吹く強い風と、季節を問わずに降る霧雨が冬の暗さに追い打ちをかける。

コペンハーゲンに住むことが決まってから、ガイドブックを読みあさったり、デンマークの事情に詳しい人に状況を尋ねた。みんな口々に「寒いです」、「秋から冬はとくに暗くて気が滅入って大変です」と言って気候の厳しさを教えてくれたが、「常に風が吹いていて」とか「体にまとわりつくような霧雨が毎日降る」といったことを教えてくれた人は一人もいなかった。

信じられないようなよい天候の日ももちろんあるが、平均すれば、圧倒的に悪天候の日が多い。最初は雨が降ると傘をさしていたが、到着してから一週間後に強風で傘が壊れて以来、日本に帰るまで傘をさすことはなかった。周りを見渡しても、傘をさしている人はほとんどおらず、多少の雨や雪の場合、ジャケットのフードでしのぐというのがデンマークスタイルのようだ。私も、ヨット用のジャケットのジッパーを首の上まであげ、フードを深くかぶって日々悪天候に立ち向かっていった。

ただ困るのは、仕事道具であるコンピュータが濡れてしまうことだった。だから、愛用のコンピュータと電源コードを、二重にした丈夫なビニール袋に入れて移動することが滞在期間中の習慣となった。デンマークを発つ日にヨレヨレになったビニール袋を見て、思わず「おつかれさま」と声をかけてしまったほどだ。

とくに、一〇月から三月までは曇天の日がほとんどで、たまに太陽が出た日には、珍しさと嬉しさで私は日記に太陽の印をつけていた。北欧の生活が長い人が、こぞって「北欧の冬が苦しいのは、寒いことよりも暗いこと」と言っていた理由が身にしみて分かった。寒いのは着込めば何とかなる。でも、暗さだけはどうしようもない。ただ黙って、受け入れるだけである。

秋が深まると、朝の八時をすぎてからようやく日の出となる。朝ごはんのときは真っ暗なので、いつもローソクが灯されていた。それまで、私にとって食卓のローソクはロマンチックな食事の象徴だったが、デンマークでの生活を経験したことで「冬の朝ごはん」を思い浮かべるものへと変わった。

ローソクは、ランチョンマットや箸置きのような役割を果たしていると言えるだろう。なくても食事はできるが、それがないととても侘びしい気分になる。ちなみに、スーパーマーケットに行くと、ローソクの売り場はかなり大きなコーナーを占拠していた。あまりにも大量に消費するためか、ローソクだけは日本よりデンマークのほうがずっと安かった。

## 読書週間

秋から冬は、何といっても本格的な読書シーズンである。コペンハーゲンでは、毎年一一月に読書週間を設けて、読書にかかわるさまざまなイベントを行っている。二〇〇八年は、一一月七日から一三日にかけて「コペンハーゲン読書（København læser）」が開かれた。この一週間は、カフェ、書店、美術館、ショッピングセンター、図書館で、作家へのインタビューや朗読、パフォーマンス、討論会、子ども向けのコンサートなど、暗い冬を一掃してくれるような楽しい催し物が開催されている。

「コペンハーゲン読書」は、デンマーク文化評議会（Kunstrådet）[1]とコペンハーゲン・コムーネそしてデンマーク図書館・メディア局が共催している行事であるが、コペンハーゲン中央図書館も全面的に協力している。二〇〇八年のオープニングイベントでは、総勢一〇〇人の司書が地下鉄の駅に出て、通行人に本を配るというイベントが行われた。

そのほかにも、中央図書館では、読者が小説の執筆プロセスを作家の間近で見るという「文学インスタレーション・プロジェクト」が公開された。読書週間がはじまる前の週に、中央図書館の入り口付近には透明の小部屋が設営され、執筆机や椅子、ソファベッド、そのほか小説を書くために必要なものが運び込まれていた。

「コペンハーゲン読書」の開始にあわせて、作家でアーティストのフランク・ラングマック（Frank Langmack）[2]がこの小部屋に入って、一週間で小説を書き上げるという企画をはじめたのである。ラングマック氏はこの部屋の中で、図書館に訪れる人とコミュニケーションを行いな

（1）二〇〇三年にデンマークの芸術文化の発展を促すことを目的に設立された団体。
（2）一九七六年生まれのデンマークの作家、パフォーマンス・アーティスト。デンマークにおけるポエトリー・スラム（poetry slam・アメリカで一九八〇年代に生まれた詩を使ったパフォーマンス）の第一人者。国内外のポエトリー・スラムの大会で入賞経験をもつ。

がら小説を書きつづけた。書き終わった小説は、随時、部屋の外側にぶら下げられて、誰でも読むことができるようになっていた。また一日の終わりには、ウェブサイトでその日の執筆分がアップロードされた。

そして一週間が経ち、ラングマック氏は無事に本を書き上げたのである。ただし、このパフォーマンスは本のタイトルが最後まで決まらないというオチがついていて、彼はガラスの小屋を出たあと、自身のブログでタイトルを募集することとなった。小説は最後まで書き終えたわけだが、内容としてはまだ付け足す部分があるという気持ちからか、出版は思いとどまったようだ。

いずれにしても、この一週間は、読書にかかわるさまざまな組織が協働して多くの催しを企画し開催している。紙面の関係ですべてのイベントを紹介することはできないが、それぞれの機関が工夫をこらして読書振興にかかわる様子を見て、改めてデンマークの読書を支える文化的厚みを感じることができた。

## クリスマスから新年

一一月も半ば過ぎると、デンマークではクリスマスを迎える準備が本格化する。この時期は日照時間がますます短くなり、午後三時ごろには外が暗くなってしまうので、どうしても気が滅入りがちである。そんな憂鬱な気分を吹き飛ばそうと、人びとはクリスマスの準備に余念がない。

そのクリスマスの準備にかかせないものと言えば、クリスマスツリーである。一二月に入ると、街のあちらこちらにモミの木の屋台が出はじめる。人びとは家族連れでやって来て、「あれでもない、これでもない」と念入りに品定めをしてお気に入りの一本を見つけ、家にかついで帰っていく。

クリスマスの時期のコペンハーゲンの楽しみの一つに、地元の人びとが愛してやまないチボリ（Tivoli）公園の特別開園がある。チボリ公園の開園時期は春から秋だけなのだが、クリスマス時期にかぎって特別に開園している。震えるような寒さのなかで、クリスマスオーナメント（飾り）を眺めながらホットワイン「グルグ（glögg）」飲んだり、アツアツのリンゴ入りドーナツ

クリスマスのチボリ公園

「エーブレスキーヴァ（æbleskiver）」を頬張るのは、この時期ならではの楽しみである。

食べ物と言えば、クリスマスシーズンに欠かせないのが甘いお粥である。幼いとき、私は北欧の児童文学を愛読していたのだが、なかでもお気に入りの作品が『やかまし村シリーズ』（アストリッド・リンドグレーン著、岩波書店）[3]だった。同じリンドグレーンの作品でも、元気な女の子ピッピが主人公として活躍する『長くつ下のピッピ』のほうが人気は高かったが、なぜか私は、淡々とストーリーが進んでいく「やかまし村シリーズ」がとても好きだった。

そのなかに、クリスマスの話があった。スウェーデンの一般家庭のクリスマスの様子が生き生きと描かれているのだが、もっとも私の心を引き付けたのは、クリスマスの夜にデザートとして出される米からつくる甘いおかゆの話だった。「お米でつくる甘いおかゆ？　一体それはどんなものなのだろう……」と子ども心に不思議に思いながら、北欧のクリスマスの世界に没頭したものだった。

その米のおかゆのデザートにデンマークで出合ったときには、「これが、あの何度も頭のなかで想像したデザート……」とさすがに感激した。デンマークの場合「リサアラマン（risalamande）」と呼ばれていて、お米を牛乳で煮て、そこにアーモンドと生クリームを混ぜ、サクランボの甘酸っぱいソースをかけて食べている。

一一月を過ぎたころ、図書館ではクリスマス関係のプログラムがはじまる。子ども向けのプログラムが毎日目白押しとなり、子どもたちはクリスマスにちなんだ映画観賞、クリスマスソングの合唱、そしてクリスマスに関する図書の読み聞かせなどを楽しむことになる。

また、クリスマスツリーに付けるデンマークの伝統的なオーナメント（飾り）をみんなで手づくりするというプログラムを開催する図書館もある。クリスマスの時期以外は図書館の奥の保存書架に置かれているクリスマス用の図書が、「待ってました」とばかりに図書館の入り口に移されて展示され、クリスマス気分を盛り上げている。

年が明けると、薄紙をはぐように日照時間が長く

(3) (Astrid Lindgren・一九〇七～二〇〇二) スウェーデン生まれの児童文学作家。一九四五年に執筆した『長くつ下のピッピ（Pippi Långstrump）』で世界的な名声を得る。作品は一〇〇か国以上で翻訳され、日本でも『リンドグレーン作品集』（岩波書店）が刊行されている。

クリスマスに食べるミルク粥「リサアラマン」

なっていく。学生寮を間借りしていた私は、毎日、同じ時間に朝ごはんを食べていたのだが、二月に入ってすぐのある朝、いつもは食べ終えても真っ暗な外が食事中にほんのわずかだが明るくなっているのを発見した。永遠につづくように思えた暗い冬が、そろそろ終わろうとしていたのだ。

暗い冬の間、図書館が明るい照明をつけて開館しているのを見るだけで救いを感じる。いつからが夕方で夜なのかも分からないような、一日中ぼんやりと暗い戸外とは対照的に、図書館の中はいつも明るくて暖かい。秋から冬にかけて、図書館は私の生活のよりどころとなっていたが、そのような思いをしているのは私一人ではないだろう。その証拠に、冬の日曜日の午後には、

クリスマスツリーの飾りを図書館で作りましょう！（エスペルゲーオ図書館）

開館を待つ人びとで図書館の前はとてもにぎやかとなる。そして、図書館が開くとすぐにお気に入りのコーナーに行って、寒くて暗い冬の午後の時間を思い思いに静かに過ごしている。

# 3 デンマークの読書生活

## デンマークの出版事情

二〇〇五年のデンマークにおける一年間の出版点数は一万三二二七点であり、人口の割には出版点数が多いと言えるだろう。ちなみに、日本の二〇〇九年の出版点数は七万八五五五点である。先にも述べたように、「本の値段が高いから人びとは図書館に通う」というイメージが根強くあるのだが、北欧では消費税が高いこともあって物価全般が高く、本だけが飛びぬけて高いわけではない。実際、さまざまな人に聞いてみたが、本の値段が高いから図書館を利用しているという意見はあまり聞かれなかった。

しかしながら、人びとが図書館の本をよく読んでいることはまぎれもない事実である。そのため、デンマークには「公共貸与権（Biblioteksafgift）」という作者の利益を守る仕組みが設けられている。公共貸与権とは、作家の作品が図書館で無料で読まれてしまうことによって生じる損

## 公共貸与権制度　実施検討国一覧

| 国名 | 法制化 | 実施状況 |
|---|---|---|
| クロアチア | 2003年法制化 | 未導入 |
| キプロス | 協議中 | 未導入 |
| ギリシャ | 1993年法制化 | 未導入 |
| 日本 | 協議中 | 未導入 |
| カザフスタン | 1996年法制化 | 未導入 |
| マルタ | 協議中 | 未導入 |
| モーリシャス | 1999年法制化 | 未導入 |
| ポーランド | 協議中 | 未導入 |
| ポルトガル | 協議中 | 未導入 |
| ルーマニア | 協議中 | 未導入 |
| トルコ | 協議中 | 未導入 |

出典：公共貸与権国際ネットワーク
（Public Lending Right（PLR）International Network）
「公共貸与権制度検討状況」から作成
http://www.plrinternational.com/indevelopment/Schemes%20In%20Development.pdf

## 公共貸与権制度　実施国一覧

| 国名 | 導入年 |
|---|---|
| オーストラリア | 1974年 |
| オーストリア | 1977年 |
| ベルギー | 2006年 |
| カナダ | 1986年 |
| チェコ | 2006年 |
| デンマーク | 1947年 |
| エストニア | 2004年 |
| フェロー諸島 | 1988年 |
| フィンランド | 1963年 |
| フランス | 2006年 |
| ドイツ | 1972年 |
| グリーンランド | 1993年 |
| ハンガリー | 2008年 |
| アイスランド | 1968年 |
| アイルランド | 2007年 |

| 国名 | 導入年 |
|---|---|
| イスラエル | 1986年 |
| イタリア | 2006年 |
| ラトヴィア | 2004年 |
| リヒテンシュタイン | 2006年 |
| リトアニア | 2002年 |
| ルクセンブルク | 2007年 |
| オランダ | 1971年 |
| ニュージーランド | 1973年 |
| ノルウェー | 1947年 |
| スロヴァキア | 2006年 |
| スロヴェニア | 1995年 |
| スペイン | 2007年 |
| スウェーデン | 1954年 |
| イギリス | 1979年 |

出典：公共貸与権国際ネットワーク
（Public Lending Right（PLR）International Network）
「公共貸与権制度実施状況」から作成
http://www.plrinternational.com/established/Established%20PLR%20Schemes.pdf

失を、作家が補償金として受け取る権利である。つまり、図書館が出版物の消費の過程において一定程度の割合を占めているという前提に立って、作家に対して補償制度が用意されているのだ。

現在、公共貸与権を実施している国は二九か国ある。デンマークがこの制度を導入したのは一九四六年のことで、世界でもっとも早かった。次いでノルウェーが一九四七年に、スウェーデンが一九五四年に、少し遅れて一九七九年にイギリスが導入している。

日本では、二〇〇五年に日本児童文学者協会、日本児童文芸家協会、日本推理作家協会、日本ペンクラブ、日本文藝家協会の五つの文学関係団体が連名で「図書館の今後についての共同声明」を発表し、そのなかで図書館における無料貸出の問題点と公共貸与権に言及しながら作家への公的な補償制度の確立に向けた要望を表明するなど、二〇〇〇年代半ばに議論が盛り上がった。しかし、その一方で、図書館界では日本の公共図書館が公共貸与権をもつヨーロッパの図書館と比べて制度的にまだまだ貧弱であり、公共貸与権を導入するには時期尚早であるとの意見も出された。その後も、出版界、図書館界で引きつづき議論が行われている。

ちなみに、公共貸与権は作家の権利を保障することだけを目的としているわけではない。少数話者によって成り立っているデンマーク語の知的生産物を保護するという側面がかなり強い。公共貸与権の補償金の支払いがデンマーク語およびデンマーク語に翻訳された著作物にかぎられているのは、そのためである。現在、公共貸与権を運営しているのは、デンマーク図書館・メディア局である。

　公共貸与権が認められるのは、作家、イラストレーター、写真家、作曲家などの作品である。補償金は、本の種類、内容、ページ数、公共図書館の所蔵数などによって定められているが、二〇〇九年の統計によれば、八一一二人の著作者に合計一億五七九七万クローナ（約二三億七〇〇〇万）が支払われている。作者が受け取る補償金は、日本円にして約三万円から約一〇〇〇万円を超える金額までかなり開きがある。また、著作者として登録をしていても最低限度額の一八四二クローナ（約二七六三〇円）に届かない場合は支払われないことになっている。デンマークでは、約二万一〇〇〇人が登録（著作者がデンマーク図書館・メディア局公共貸与権課に届けを出す）をしているが、そのうち補償金を受け取った著作者は半数に満たない。

## コペンハーゲンの魅力的な書店

　デンマークの人びとは、読みたい本をどのようにして手に入れているのだろうか。何人かの人に尋ねてみたところ、リアル書店とオンライン書店を状況に応じて使い分けるという答えが多かった。オンライン書店は時間を選ばずに買うことができるため、日本と同じく多くの人びとが利用している。アマゾン・ドット・コムのようなオンライン書店を使う人もいれば、ギュレンデール・ブッククラブ（Gyldendal Bogklub）(4)のようなブッククラブに入って、そこから購入している人もいる。

ここで、コペンハーゲンにあるリアル書店をのぞいてみよう。

(4) デンマーク最大のブッククラブで、一九六六年に創設された。その後、一九七七年には「ギュレンデール児童書クラブ(Gyldendals Børnebogklub)」、一九八九年に「教育図書クラブ(Pædagogisk Bogklub)」、一九九五年に「インテリアとライフスタイル(Bolig og Livstil)」、二〇〇四年には「ミステリー・サスペンス(Krimi og Spænding)」といったクラブがつくられた。会員は毎月機関紙を受け取り、そこから自分の好みの本を選んで注文する。現在は、ギュレンデール・ブッククラブのホームページがオンライン書店としての役割も果たしており、非会員でも書籍の注文が可能となっている。

街角の書店

大規模な書店や小規模ながら個性的な書店、そして古書店など、バラエティに富んだ書店がたくさんあって本好きにとってはとても楽しめる街である。

学術書を専門とする書店としては、コペンハーゲン大学のメインキャンパスのすぐ近くにある「アカデミック・ブックス（Academic Books）」が有名である。一九六七年にコペンハーゲンビジネススクールの学生によって設立されたこの書店は、人文科学・社会科学を専攻する大学生や研究者からとても頼りにされている。あまり広くない店に本が所狭しと並べられて学生街の書店という雰囲気を醸し出している。

また、この街にはブックカフェも何軒かある。私がよく行ったのが、コペンハーゲン大学の近くにある「パルダンブックカフェ（Paldan Bog Café）」という店だ。本に囲まれておいしいコーヒーやケーキが楽しめるので、毎回、ついつい長居をしてしまうことになった。

住んでいた寮の近所にあった「ランドロマット・カフェ（Laundromat Café）」にもよく行った。ここはブックカフェではないが、コインランドリーが併設されていて、洗濯が終わるまでの時間を、カウンターの書架にぎっしりと詰まっているペーパーバックを読んで過ごすという、いかにも「学生生活」らしい雰囲気を味わうことができた。もちろん、ボリュームたっぷりのブランチを目当てに、大量の洗濯物を持ってやって来る若者もたくさんいる。洗濯をしながら、本を開けて食事をする。日本では見られない生活の一シーンを体験することができた。

昔ながらの書店が多いコペンハーゲンだが、デンマーク全体の最近の傾向としては、ショッピングモールへの大型書店の出店が目立っている。こうした大型書店は、本だけでなく文房具やおもちゃの売り場も併設している。大型店の出店は全世界的な傾向であるが、デンマークも例外でないということである。

## 読書会が増えている

インターネットでのコミュニケーションが増えるにしたがって、対面コミュニケーションの重要性が再認識されるようになってきた。一九七〇年代に盛んに行われた読書会が全世界的に再流行しているのも、同じ理由からだろう。デンマークでも、二〇〇七年あたりから、とくに女性の間で読書会が盛んに行われるようになっているという話を何人かの司書から聞いた。

公共図書館では、もちろん読書会の運営を積極的に支援している。たとえば、オーフース図書館では、読書会を開くための「読書会セット」を用意している。特製の袋に収められた読書会セットのなかには、読書会で使う図書一〇冊のほかに、グループでの読書を円滑に進めるための資料となる「作家の写真」、「新聞に掲載された書評」、「サークル内での貸出記録票」などがクリアファイルにまとめて入れられている。メンバーたちは、これらの資料を自由にコピーして読書会を進めていく。その事前準備のためか特別な図書館カードも用意されていて、このカードを使うと、特別に六週間（通常は一か月）も読書会の本を借りることができるようになっている。

読書会では、メンバーが交代で司会を務め、実際の進行を担当する。まず、メンバーの一人が本のあらすじ、著者の紹介、本の評判について発表し、そのあと全員で、本のジャンルや扱っているテーマ、著者、文体、登場人物、本の内容についてのさまざまな意見などを話し合うというのが一般的な進め方のようだ。取り上げる本の種類は読書会のメンバー次第というところだが、やはり小説が多いということだった。司書の役割も図書館によって異なり、利用者のサポートに徹する図書館もあれば、司書が一〇年以上も読書会のメンバーとして議論に加わってきたという図書館もあった。

オーフース図書館が用意しているような読書セットを使えば、どこでも好きな場所で読書会を開催することができるが、館内で読書会を開催する図書館ももちろん多い。いずれにしても、さまざまな形で読書会を支援しているデンマークの図書館活動を知るにつけ、読書という孤独感に陥りそうな行為が社会的な活動に思えてくるから不思議である。思わず、一冊の本をめぐって議論をしたのはいつだったか……と考え込んでしまった。

## 車内読書と新聞

デンマーク人に本好きが多いというのは、電車や地下鉄に乗ったときにもよく分かる。デンマークの電車の中には、短距離列車、長距離列車を問わず「静寂車両（Stilezone）」が設けられている。

電車内での携帯電話の通話がごく当たり前のデンマークでは、電車に乗るととても騒がしい。しかし、この静寂ゾーンの車両だけは話し声がまったく聞こえてこない。読書をする人、コンピュータで仕事をする人とさまざまだが、とにかく静寂が保たれている。

デンマークに暮らしはじめて間もないころ、静寂コーナーの存在を知らなかった私はこの車両で友人とおしゃべりをしていた。すると、一分もたたないうちに分厚い本を読んでいた女性に注意をされてしまった。今思うと本当に申し訳ないことをしてしま

電車の静寂コーナー

ったのだが、当時はそんな車両があるだなんて想像もしていなかった。そう言えば、デンマークには自転車をそのまま持ち込める車両もある。社会サービスのあり方をふと考えてしまう一シーンであった。

　車中での読物と言えば、もっとも手軽なのは新聞であろう。デンマークには『ベアリングスケ・ティーゼネ（Berlingske Tidende）』、『ユランス・ポステン（Jyllands-Posten）』、『ポリティケン（Politiken）』といった主要新聞がある。しかし最近は、通勤電車の中で多くの人が読んでいるものと言えば、どの駅にも置かれている『メトロエクスプレス（metroXpress）』、『ウアバン（urban）』、『二四時間（24timer）』といった無料新聞である。そのうちの一紙か

自転車・大型ベビーカー・車いす・インターネットどれも OK

二紙を持ち込んで電車に乗る人が多くなった。

無料新聞はどの記事も短く、ほとんどの紙面を広告が占めている。情報源や内容の信頼度が一般の新聞に比べて低いためにこれらの無料新聞をあまり読まない人もいるが、国内・海外のニュース、テレビ番組、スポーツ記事などといった一通りの情報が掲載されているので、手っ取り早く一日分の情報を仕入れるのには都合がよい。

これらの無料新聞が人気を集める一方で、日本と同じように有料新聞の購読者は全体的に減少傾向にある。経済的な理由もあって、若者は新聞を購読せずにインターネットのニュースサイトで済ませている場合が多いようだ。私が所属している大学の学生に聞いても、やはり同じくニュースはインターネットで読んでいるようだ。どうやら、若い世代に共通の傾向らしい。

## マンガとコンピュータゲームは児童図書室の必須アイテム

日本ととくに関係の深いものがデンマークの図書館には必ずある。それは、マンガとコンピュータゲームである。ヨーロッパ全体のマンガやアニメーションブームを反映して、北欧諸国でもマンガの人気はかなり高い。どんな図書館でも、児童書コーナーにはマンガがあり、コンピュータゲームのコーナーが設けられている。

一方、マンガ文化の本家とも言える日本の図書館では、マンガに対してはかなり慎重に向き合

コミックがぎっしり詰まった書架（ヴァンルーセ図書館）

どこの図書館にもあるコンピュータゲームのコーナー（カールスロネ図書館）

っている。図書館でマンガを受け入れる場合は、注意深く内容を調べたうえで、ごくかぎられた作品だけを所蔵している図書館が多い。また、日本の図書館でコンピュータゲームを提供しているところはほとんどない。だから、北欧のほぼすべての図書館が大量のマンガを収集し、コンピュータゲームを提供していることに私はかなりの違和感を覚えた。そのせいもあって、司書と話す機会があれば、必ずマンガやコンピュータゲームを扱うことの是非について質問をしたが、驚いたことに、これらを置くことに対して否定的な回答が司書から戻ってくることはほとんどなかった。

マンガやコンピュータゲームに対する司書の意見は、二つに集約できる。

一つは、マンガの収集を、公共図書館における資料の多様性と結び付けて考えるというとらえ方である。公共図書館は、さまざまな資料を収集することを目的としている。学習・研究のための資料もあれば、娯楽のための資料もある。メディアの種類をとっても、図書、視聴覚資料、ソフトウェアなどと多岐にわたっている。マンガは、そのような幅広いメディアのうちの一つであるというとらえ方なのである。

二つ目は、マンガやコンピュータゲームが子どもたちの間で広く人気があるにもかかわらず、それを手に入れて遊べる子どもとそうでない子どもがいるということは不公平であるという考え方である。とくに、コンピュータゲームについては、コンピュータを所有していない家庭の子どもであっても同じようにゲームを楽しむ権利があり、メディアにかかわる子ども同士のギャップは図書館が埋めなければならないとする考え方である。

この二つの理由により、図書館は積極的にマンガやコンピュータゲームを提供しているというのが司書の主張であった。

また、マンガやコンピュータゲームが子どもにとって魅力的なメディアであることを認め、その力を利用して子どもを図書館に惹きつけようとしている図書館も多い。これらが図書館の敷居を低くし、利用者を呼び込むことになるのではないかという発想である。それ以外にも、コンピュータゲームを新しい文化表現であるととらえて、「電子メディアに対する新しいスキルを身に着けるために効果的なメディアだ」と主張した司書もいた。

いろいろな意見があるなかで共通していたのは、どの司書も、マンガやコンピュータゲームを図書館で提供することについて、まったくと言ってよいほど迷いがないということだった。マンガ大国でありながらマンガの取り扱いに慎重な日本から来た私にとっては、どうしても釈然としない思いが残ってしまう。さらに食い下がって図書館の資料収集の方針と抵触しないのかと尋ねてみると、「図書館では内容に関して精査したものを受け入れているため、収集方針とは矛盾しない」という回答がこれまたすぐに戻ってきた。

つまり、図書館では暴力シーンが過度に強調されている作品や、過激な性描写のある作品は受

## コラム ルイシアナ近代美術館
## Louisiana Museum of Modern Art

コペンハーゲンから北に30分ほど行ったホムレベク(Humlebæk)にある私立美術館で、1958年に創立された。眼下にウーアソン海峡(Øresund)をのぞむ絶好のロケーションにある美術館には、年間を通じて観光客はもちろんのこと、子どもから高齢者まで幅広い年齢層の利用者が訪れている。

絵画を中心に、彫刻、インスタレーションなど3,000点以上あるコレクションには、パブロ・ピカソ(Pablo Picasso・1881〜1973)、アルベルト・ジャコメッティ(Alberto Giacometti・1901〜1966)、アンディ・ウォーホル(Andy Warhol・1928〜1987)、ヘンリー・ムーア(Henry Moore・1898〜1986)などの巨匠たちの作品が含まれている。

年に4回から6回の企画展が開かれ、著名なアーティストや最新の現代美術を紹介するほか、作家やアーティスト、科学者を招いて市民と特定のテーマについて語り合う「ルイシアナライブ(Luisiana Live)」と呼ばれる企画を行っている。また、子どもたちがアートに親しむためのワークショップも開かれている。

入館料は、一般が95クローナ(約1,425円)、学生が85クローナ(約1,275円)、18歳までは無料である。また、年会費475クローナ(約7,125円)を払ってルイシアナクラブのメンバーになれば入館料が無料になるほか、様々な特典を受けることができる。月曜日が休館で、火曜日から金曜日は11時から22時、土・日曜日は11時から18時の開館となっている。
住所:Gl. Strandvej 13, 3050 Humlebæk
http://www.louisiana.dk/dk/Service+Menu+Left/Forside

け入れないといったルールがあり、それを忠実に守っているということである。ただし、コンピュータゲームはあくまでも娯楽が目的であるため、ほかの図書館資料とは異なる観点から選択作業を行い、子どもたちに楽しんでもらうことを意図しているという話も聞かれた。

デンマークでは二〇〇八年に個性的な企画で知られるルイシアナ近代美術館（前ページのコラム参照）で大規模なマンガ展が開催されるなど、マンガブームは一段と熱を帯びてきている。マンガをコレクションとして取り入れるだけではなく、マンガの創作講座を開いている図書館も多い。たとえば、ヘルスィングウア図書館では、一三歳から一七歳向けの「マンガを創る――マンガのストーリーと描き方を習おう！（MangaMaker:lær at skrive og tegne manga!）」というプログラムを組んだりもした。これは、二か月にわたるワークショップ型のマンガ創作講座で、マンガ家に指導を受けながら自らのマンガを完成させていくというものだった。

## リビング・ライブラリー

デンマークにおける読書のトピックとして、究極の図書館とも呼ぶべき「リビング・ライブラリー（Living Library）」の話題を最後に紹介しておこう。

リビング・ライブラリーとは、障碍者、ホームレス、同性愛者、難民など、誤解や偏見を受けやすい人びとを「リビングブック（Living Books）」（人間そのものを貸す！）として利用者に貸し出すことによって彼らへの偏見を打ち破り、多様な文化を認める社会を目指す試みである。このイベントは、二〇〇〇年に開催されたデンマークのロックの祭典「ロスキレフェスティバル」(5)のときに誕生した、文字通り「生きている図書館」である。以下、リビング・ライブラリーのウェブサイトの情報を参照しながら、その活動内容を紹介していきたい(6)。

リビング・ライブラリーの利用者は、一回につき一人のリビングブックを借りて、その人と語り合うことになる。多様な文化的背景をもつ「生きている本(つまり人間)」と直接語り合うことで自分自身がもっている偏見と対面し、偏見について考える機会が与えられるのだ。どのリビングブックを選んだらよいかが分からない利用者には、「司書」が利用者の偏見に合ったリビングブックを選んでくれる。

これまでにリビングブックを務めたのは、難民、ロマ(インド北西部に起源をもち、ヨーロッパで移動生活を送ってきた民族)、イスラーム教徒、同性愛者、障碍者、トランスジェンダー(生

---

(5) 毎年六月末から七月初頭にかけてデンマークのロスキレ(Roskilde)で行われるロックフェスティバル。一九七一年から開催されており、北欧で最大のロックフェスティバルとして知られている。

(6) リビング・ライブラリー公式ホームページ http://living-library.org/。日本で開催されるリビング・ライブラリーの情報については http://living-library.jp/ を参照のこと。なお、リビング・ライブラリーは、二〇一〇年八月現在、「ヒューマン・ライブラリー」に名称が変わっている。

まれもった性とは異なる性を自認する人）、アルコール依存症者、聴覚障碍者、難読症者、ハッカー、賭博者、フェミニスト、失業者、シングルファーザー、警察官、ホームレスなど、いずれも誤解や偏見をもたれている人びとである。

ロスキレフェスティバルにおける暴力追放イベントの一部としてはじまったリビング・ライブラリーは、今では二七か国にその活動が広がっている。二〇〇八年一二月には京都国際会館で、日本における第一回のリビング・ライブラリーが開催された。

リビングブックとして話をしたのは、ホームレス経験者、薬物依存者、高次脳機能障碍者で、読者は本として貸し出された人たちの語りに耳を傾けた。語り手のストーリーが読者にできるだけよく伝わるように、必要なときにはコミュニケーションを円滑にするためにスタッフが両者の間に入って、語り手の背景を説明するなどの適宜サポートを行っていたようだ。読者がリビングブックに対していろいろな質問を投げかけるのも、デンマークと同じスタイルであった。日本で行われた第一回リビング・ライブラリーは盛況のうちに終わり、利用者は今まで接したことのないリビングブックとの出会いを通して新しい経験をしたという。

これまでリビング・ライブラリーは、イベント会場、学校、図書館などといった場所で開催されてきた。たとえば、屋外でのイベント会場では、利用者とリビングブックとなるボランティアとの間の警戒心が小さくなる効果があったり、学校は若者にとってなじみのある場所なのでリビング・ライブラリーの会場に適しているという声が聞かれたりしたほか、バスツアーの形でリビング・ライブラリーを巡回させるという試みもあった。

さまざまな選択肢が考えられるなかで主催者側は、公共図書館がリビング・ライブラリーにもっとも適した場所だと考えているようである。というのも、利用が無料で、情報を求める人びとが自由にアクセスできるという図書館の大原則は、リビングブックの理念とぴったり重なっているからである。

また、リビング・ライブラリーのコレクションであるリビングブックは主催者によって注意深く選ばれている点も、司書によって厳選された資料を収集している図書館との共通点とも言える。参加者による多様な文化体験を目的に掲げたリビング・ライブラリーは、さまざまな知へのアクセスを保証するという公共図書館の理念そのものと言ってよいだろう。

とはいえ、リビング・ライブラリーには図書館とは異なる大きな特徴がある。それは、貸し出された本のほうが利用者から影響を受けるという点である。実は、利用者のほうもある意味ではリビングブックであって、お互いを読み合うことで相互にコミュニケーションを行う場所、出会う前に比べて何らかの変化と成長を遂げる場所、それがリビング・ライブラリーである。

多様な文化が利用者の目の前に差し出され、それらと対話する。リビング・ライブラリーは、

「究極の図書館」と呼べるのではないだろうか。この試みが世界でもっとも図書館が成熟したデンマークで生まれ、世界各国に拡まっているということが、私にはとても示唆的に感じられる。

# 第5章

# 北欧の図書館をめぐる風景

## ——スウェーデン・ノルウェー・フィンランド訪問記

壁一面の本に圧倒されるストックホルム市立図書館の書架

「北欧」と聞くと、どうも北欧諸国をひとまとめにして思い浮かべてしまう傾向が私たちにはある。たしかに、共通点も多いのだが、デンマーク、ノルウェー、スウェーデン、フィンランドは言語も違えば文化も異なる。北欧の人びとが軽食やおやつに好んで食べるシナモンロール一つとっても、その形状と味わいが国ごとに少しずつ違っているようにである。

図書館を例にとって言えば、人びとがとても熱心に図書館を利用している点は共通しているが、実際の制度や政策は国ごとにかなり異なっている。たとえば、スウェーデンは障碍者を対象としたサービスに示されるように、何よりも情報への平等なアクセスを重視した図書館政策を展開している。そして、ノルウェーの図書館は公共図書館、大学図書館、学校図書館といった館種の垣根を越えた国全体のシステムづくりに力を入れている。またフィンランドは、先進的な図書館サービスを常に模索し、他の北欧諸国から見れば大胆とも映るほど革新的なサービスを利用者に向けて次々に提供している。

本章では、今回私が訪れたスウェーデンとノルウェーとフィンランドの公共図書館の状況を簡単に解説し、実際に訪問した図書館のなかから何館かを選んで紹介しながら、デンマーク以外の北欧の公共図書館の様子について見ていきたい。紙面の都合上、今回ご紹介できるのはごくかぎられた情報にとどまっている。デンマーク以外の北欧諸国の図書館活動については、また機会を改めて詳しく紹介したいと考えている。

# 1　平等の理念を図書館サービスで示す——スウェーデンの公共図書館

## スウェーデンの公共図書館の概況

スウェーデンの図書館政策を管轄しているのは、スウェーデン国立文化評議会（Statens Kulturrådet）である。図書館法が制定されたのは一九九七年と、ほかの北欧諸国に比べてかなり遅かった。そして、現在の法律は二〇〇五年に改正されたものである。スウェーデン王立図書館（Kungliga biblioteket）は、デジタル資料を含めてスウェーデンで刊行される資料を網羅的に収集している。

スウェーデンはデンマークを上回る移民・難民の受け入れ国であり、マイノリティへのサービスにはとりわけ力を入れている。ストックホルム市立図書館（Stockholms Stadsbibliotek）には多言語図書サービスを専門とするストックホルム市立図書館付属国際図書館（Internationella Biblioteket, Stockholms Stadsbibliotek）が設置されているし、スウェーデン全土の図書館で提供されている障碍者サービスは世界でもっとも高いレベルにあると言ってよいだろう。

スウェーデンで司書資格を取り、現在、国際図書館に勤務している小林・ソーデルマン・淳子さんによれば、スウェーデンの公共図書館の源流は一八〇〇年代の国民運動までさかのぼること

スウェーデン王立図書館外観(出典:スウェーデン王立図書館ウェブサイト)

ストックホルム市立図書館外観

ができ、民主主義社会を支える理念や生涯学習理念と結び付いて発展してきたという。現在では、公共図書館は資料提供といった伝統的なサービスをふまえて、コミュニティの文化センターとしての機能を担うようになっている。

スウェーデンの公共図書館では、居住地、年齢、文化的背景によらず、すべての住民に平等に情報を提供することがもっとも重要視されているのだが、これまで国としての図書館政策をもたなかったために、自治体によって図書館サービスの格差が生じている。

二〇〇九年には、国の文化政策の改正に伴い、全国レベルの図書館政策が策定された。新たな政策のなかには、スウェーデン王立図書館が国のすべての図書館を束ねるという計画が盛り込まれていて、目録も国全体で統一されるそうである。

## 大書架に圧倒されるストックホルム市立図書館

二〇〇九年三月、三年ぶりにストックホルム市立図書館を訪れた（本章扉の写真参照）。今回の訪問は二回目だが、前回同様、小林・ソーデルマンさんに案内していただいた。

ストックホルム市立図書館[1]では、何といってもゲートを入って目の前に現れる円形型の大書架群に並ぶ色とりどりの本にまず圧倒される。ここは、建築を通じて書物のもつ力を伝えるための場所である。この閲覧室を見学するために、世界中からの来訪者が絶えないそうだ。

ストックホルム市立図書館は、近々大規模な改修工事が予定されていて、今はその準備段階にある。すでに基本設計が固まり、二〇一三年の開館を予定している新図書館は、「第二の居間としての図書館」、そして「二四時間の図書館サービス」を大きな目標として掲げている。

## 第二の居間としての図書館

「第二の居間としての図書館」とは、図書館がコミュニティのなかで、これまで以上に人びとに親しまれる場所として存在感を高めていくことを表現した目標である。図書館は、家庭以外のもう一つの居間となって、利用者が自分自身と向き合う時間と空間を提供することをめざしている。

自宅の居間のような閲覧コーナー（ホグダーレン図書館）

物理的な存在感を高めるという面では、図書館が人びとの出会いの場所として機能することも、今後の図書館の重要な役割として重視されている。最近はじまった「言葉のカフェ」と呼ばれるプログラムがその例である。このプログラムは、言語という共通の関心をもつ人びとが図書館に集まって、お互いにその関心を深め合うために企画されたという。

たとえば、「アラビア語カフェ」の場合はアラビア語を母語とする人びとが集まり、お互いにおしゃべりを楽しむだけでなく、そこにアラビア語を学習している人が加わって、自分の勉強の成果を試しながら相互に交流を深めたりしている。

## 二四時間の図書館サービス

一方、「二四時間の図書館サービス」のほうは、主に有職者を意識したサービスとなっている。利用者が図書館の開館時間に左右されず、いつでも図書館を利用できるようにしようというのがこのサービスの主旨であり、デジタルサービスをより強化して、二四時間アクセス可能な図書館

(1) ストックホルム市立図書館は、一九二一年建築家エーリック・グンナール・アスプルンド (Erik Gunnar Asplund・一八八五〜一九四〇) によって設計された。アスプルンドは北欧モダニズムの代表的建築家として知られ、二〇世紀の北欧建築界に大きな影響力をもたらした。一九一五年から一九四〇年にかけて設計した「森の墓地 (Skogskyrkogården)」は、一九九四年にユネスコの世界遺産に登録されている。

サービスをめざしている。

最近、ストックホルム市内にある駅の構内に相次いで三つの図書館がオープンした。駅は通勤・通学で必ず通る場所なので、そこに図書館があれば、今まであまり図書館に縁がなかった人でも気軽に図書館に立ち寄れるようになる。三館とも、そのような効果を狙って造られた図書館である。

駅構内の図書館の一つであるホグダーレン図書館（Högdalens Bibliotek）には、開館時間に利用者が使う通常の図書館スペースと、図書館が閉館したあとに使える情報コーナーという二つのスペースがある。まだ二四時間サービスとまではいかないものの、情報コーナーでは閉館後もさまざまな図書館サービスが受けられるようになって

閉館後も利用できるラウンジとコンピュータ（ホグダーレン図書館）

いる。

その一つが、電子書籍や音楽・映像ソフトのダウンロード貸出である。ラウンジに置かれた「メディアジュークボックス（mediejukeboxen）」と呼ばれる機械に自分のユーザーIDとパスワードを入れれば、USB経由で電子書籍や映画ソフトのダウンロードができる。こうしたサービスは、これからスウェーデン全土に拡がっていくことだろう。

ストックホルム市立中央図書館が掲げる「第二の居間としての図書館」と「図書館の二四時間サービス」は、一見すると方向性が逆のようにも見える。前者は図書館に実際に来てもらうことを重視し、後者は来館せずに済むサービスを志向している。しかし、両者ともに、一人でも多くの人に図書館サービスを提供するという点は同じである。スウェーデンの図書館は、伝統とテクノロジーをともに手放すことなく、そのすべてを包み込む公共空間となることをめざしている。

## 2 知られざる図書館大国――ノルウェーの公共図書館

ノルウェーの図書館は、デンマーク、スウェーデン、フィンランドの図書館の陰に隠れて、今までその存在があまり目立つことはなかった。しかしながら、先進的なサービスをいち早く導入して利用者に提供してきたノルウェーは、知られざる「図書館大国」と言える。

## ノルウェーの図書館の概要

ノルウェーの図書館法は一九三五年に公布され、一九八五年の改訂を経て現在に至っている。ノルウェー国立図書館（Nasjonalbiblioteket）には国内で出版された資料がすべて納められることになっていて、ここがすべての図書目録データを管理している。ほかにも、国が運営している施設として、保存図書館の国立図書館ラナ部門（Nasjonalbiblioteket, avdeling Rana）、オスロにあるダイクマン図書館（Deichmanske Bibliotek）の多言語図書館部門（Det flerspråklige bibliotek）などがある。

オスロ大学で図書館司書をしているマグヌスセン・矢部直美さんによれば、フィヨルドに代表される多様な自然環境からなるノルウェーでは、ブックモービルやブックボートが図書館サービスの重要な拠点となってきた。しかしながら、図書館の予算削減に伴ってこうしたサービスの廃止案が出されることもたびたびあり、そのたびに署名活動などが行われ、何とかもちこたえているそうだ。すべての人びとに公平な情報へのアクセスを提供するという図書館の理念から考えてみれば、ブックモービル、ブックボートの重要性は言うまでもないだろう。

ノルウェーでは、現在、文化省（Kulturdepartementet）の下にある「文書館・図書館・博物館開発（ABM-utvikling）」が、図書館の全館種、博物館を横断的に統括している。「文書館・図書館・博物館開発」は、二〇一四年をめどに、公共図書館・大学図書館・学校図書館など異種の図書館の垣根を取り払い、一つの大きな全国図書館ネットワークを構築しようとしている。

全国共通の貸出カードの頒布は、この計画のなかに含まれているプロジェクトの一つである。マグヌスセン・矢部さんによれば、ノルウェー全土のどこの図書館でも使える共通カードのアイディアは、ノルウェーの遠隔教育の発展と関係しているそうだ。

教育分野でのＩＴの活用が進むノルウェーでは、大学を中心に遠隔教育が盛んとなっている。たとえば、「オスロに在住している人がノルウェー北部の街トロムソ（Tromsø）の大学に所属し、インターネットを通じて授業を受ける」といったことが実際に行われている。このような場合、その学生はトロムソ大学の図書館ではなくオスロ大学の図書館を利用することになるわけだが、全国共通の図書券があれば、「どこが自分の図書館なのか」ということを意識せずに身近にある図書館を利用することができるようになる。

なお、ノルウェーも、デンマーク、スウェーデンと同様に移民・難民が増加傾向にある。そのため、マイノリティ利用者へのサービスは、図書館サービスの大きな柱となっている。

## オスロ近郊の図書館をめぐる

ここからは、オスロ市内とオスロ近郊のいくつかの図書館を見てみよう。

最初に訪れたのは、オスロ中央駅から二〇分ぐらいの所にあるシェー図書館（Ski Bibliotek）である。オスロフィヨルド沿いの美しい町シェーの中心街にある図書館は、ショッピングモールの中に入っており、すぐ隣が映画館となっている。館内は明るく、どこもゆったりとした空間がとってあり、高齢者や子ども連れのお母さんが熱心に読書をしていた。閲覧室の壁面を使って美術作品の展覧会が行われるなど、図書館の施設を利用した文化的な活動も活発であるようだ。

ノルウェーの公共図書館では個人学習のためのスペースを確保している所が多く、ここでも三〇名ほどが収容できる学習スペースが確保されていた。開館時間は、平日朝八時から夜の九時までと、デンマークに比べるとかなり長くなっている。

ルア分館（Røa Filial）は、オスロ中心部から一五分ほどの所にあるルア駅の前にある複合施設の一角を占めている。図書館は最近リニューアルオープンしたばかりで、北欧らしいデザイン家具がたくさん置かれた館内は、まさに個人宅の居間のような雰囲気であった。館内の閲覧コーナーから書架の配置に至るまで、すべてにゆとりが感じられる。開館時間は、月曜日から木曜日が午前一〇時から午後六時、金曜日が午前一〇時から午後四時、土曜日が午前一一時から午後三時と若干短めである。

ルア分館の利用者は年間のべ約七万人。利用者の四分の一が子どもであるため、児童サービスやヤングアダルトサービスに力を入れている。児童コーナーには動物の形をしたクッションが床に置かれたり、子ども専用のコンピュータが設置されたりしていて、子どもが楽しめる空間となっている。私がこの図書館を訪れたのは平日の午前中だったが、お父さんと子どもが図書館のおもちゃで熱心に遊んでいたのが印象的であった。

オスロ市内には、中央館のダイクマン図書館と一六の分館があるが、その分館の一つであるセリエテーケッ（Serieteket）は、マンガ情報の収集と発信を目的とするマンガ専門図書館として二〇〇一年にオープン

北欧らしい椅子やテーブルが置かれた館内（ルア図書館）

した。もちろん、置かれている資料はマンガのみである。

ここでは、マンガを提供するだけでなく、国内外のマンガ家を招待してさまざまなイベントを開催したり、児童と成人向けにアニメーション講座を開催している。今後は、ノルウェーマンガフォーラム（Norsk Tegneserieforum）[2]やノルウェーマンガ博物館（Tegneseriemuseet）[3]とも連携して、マンガの理解と関心を高めるための活動を行っていく計画があるという。

デンマークと同様、ノルウェーでも日本のマンガやコンピュータゲームの人気は驚くほど高く、ほとんどの図書館が児童サービスの一環としてコンピュータゲームを提供している。ノルウェーの司書のなかには、

ユニークな書体がマンガ図書館らしい（セリエテーケッ図書館）

ゲームを単に子どもの利用者を増やすための道具として見るのではなく、メディアとしての新しい可能性を見いだして積極的に活用しようとする若い人たちも現れはじめた。コンピュータゲームは単なる娯楽のためのメディアにとどまらず、デジタル情報に対する子どもたちのスキルを高める可能性があるというのがゲーム擁護の理由らしい。

ノルウェーの図書館で印象に残ったことと言えば、斬新な図書館建築や図書館内部のインテリアだろう。デザインや音楽分野で若手のアーティストの活躍が目覚ましいノルウェーだが、図書館の世界にも新しい息吹がたしかに感じられる。

そして、ノルウェーでもいろいろな世代の人たちが図書館を利用していた。午前中、高齢者が多く見られる館内も、午後になると若者がたくさんやって来てにぎやかになる。デンマークと同様、若者がグループで勉強する姿もよく見かけた。伝統にとらわれず新しいサービスにどんどん

(2)　一九八〇年に設立されたノルウェーのマンガ愛好者のための団体で、マンガの関心と理解を高めることを目的にマンガに関する啓発活動を行っている。

(3)　開館日時は、毎週日曜日午後一時から五時まで。日曜以外の訪問は団体のみ受け付けていて、事前予約が必要である。マンガ専門資料の閲覧のほか、マンガコンテストへの参加応募なども受け付けている。入館料は五〇ノルウェークローネ（約七一〇円）。住所：Rosendalsv 5, 2760 Brandbu　http://www.tegneseriemuseet.no/#cid=2

チャレンジする国、若い司書が活躍するノルウェーを、私は「隠れた図書館大国」と名付けた。ノルウェーの図書館についてはもっと深く調査してみたいし、何よりもフィヨルドを運行するブックボートに乗ってみたいというのが、目下のところ私の夢となっている。

# 3 とびぬけて図書館利用率が高い国——フィンランドの公共図書館

経済協力開発機構（ＯＥＣＤ）の学習到達度調査（ＰＩＳＡ）で示された子どもたちの高い学力によって、フィンランドは日本でも脚光を浴びている国である。とくに、ＰＩＳＡ調査でフィンランドの子どもたちの読解力の高さがクローズアップされたこともあって、図書館に対しても高い関心が寄せられるようになった。

フィンランドの公共図書館は、読書熱心なフィンランドの人びとの旺盛な読書欲を支えるために、また学校図書館が貧弱な地域では、子どもたちの読書を支援するために重要な役割を果たしてきた。本章では、私が北欧図書館について研究をはじめるきっかけとなったカレリヤ地方の小さな町リペリの公共図書館と、首都ヘルシンキの図書館を何館か紹介したい。一方は地方の小さな図書館、もう一方は大都市の個性的な図書館、どちらも現在、世界中の注目をあびているフィンランドの図書館の姿である。

## フィンランドの公共図書館の概要

フィンランドの公共図書館は教育省（Opetusministeriö）の管轄下にある。図書館法はデンマークに次いで一九二八年に制定され、もっとも新しい図書館法は一九九九年に採択された。法定納本図書館はフィンランド国立図書館（Kansalliskirjasto）で、それ以外に、フィンランドの全図書館が資料保存のために共同利用している「国立保存図書館（Varastokirjasto）」がクオピオ（Kuopio）に設置されている。

フィンランドは国土の割に人口が少ない国なので（約五三三万人）、国際競争力をつけるために教育を非常に重視してきた。しかし、場所によって学校図書館があまり整備されていない所もあるので、公共図書館が学校教育を補完する重要な役割を担い、学校と連携して児童の読書や学習を支援している。そのせいか、すべての自治体に公共図書館が設置されており、一部の図書館は学校図書館の機能をもち、ブックモービルやブックボートによるサービスも提供されている。

## 小さな町の情報発信地

本書の冒頭で、私が北欧の図書館研究をはじめるきっかけとなったリペリ図書館の話を紹介した。その後、このリペリ図書館がどうなったのか、頭の片隅でずーっと気になっていた。図書館の中に書店を同居させたという試みは、現在でもうまくいっているのだろうか。

フィンランドでの図書館調査の際、私は思い切ってリペリ図書館まで足を延ばすことにした。フィンランドまで来たからには、自分の目で、実際にこの図書館をたしかめておきたいと思ったからだ。地図で調べてみると、リペリは北カレリヤ地方にあり、ヘルシンキからだと北カレリヤ地方の主要都市ヨーエンスー（Joensuu）までが鉄道で約五時間、そこからリペリまでは高速バスで四〇分ほどかかる。人口が一万二〇〇〇人ほどの小さな町リペリの図書館は、町の中心部にあるらしい。

秋も深まった一〇月半ばのある日、私はヘルシンキからヨーエンスー行きの列車に乗ってリペリをめざした。車窓には湖と白樺が連続して現れる。一生分の湖を見たのではないだろうかと思えるころ、やっと電車はヨーエンスーに到着した。

ヘルシンキを朝に出発してヨーエンスーに着いたのは夕方。その日は移動だけで疲れてしまい、サウナとトナカイの肉のスープというフィンランド文化を体験してすぐに眠りに就いた。次の日の朝、朝食に下りていくと、テーブルには今まで見たことのない巨大な壷が置いてあった。宿泊客らしい人びとは、まずその壷に直行する。中に入っていたのは温かいおかゆで、これにベリーのソースをたっぷりかけて食べるのが寒い時期のフィンランド風の朝食らしい。美味しいおかゆをおなかいっぱい食べて、まだ暗いなか、リペリ図書館に向けて出発した。

一九九七年、北欧の図書館雑誌『スカンジナビアン・パブリック・ライブラリー・クォータリー』に「図書館と書店が同居」と華々しく報じられた書店は、残念ながら七年前に閉鎖されていた。「書籍の売り上げがあまりよくなかったことが閉店の理由」と、司書の方から説明していただいた。当時の記事には、図書館と書店は人材と資源をうまく利用しながら上手に共存していると書かれていたのだが、現実はなかなか厳しいようだ。

お目当ての書店に出合えなかったが、フィンランドの小さな町の図書館を見学する機会はめったにないだろうと思って館内をゆっくりと見て回ることにした。開館直後から利用者が途切れることはない。建物は、ガラスと木をうまく組み合わせた構造となっており、館内はどのスペースもとても明るい。書店があった所は、現在、雑誌と新聞の閲覧室になっている。

図書館の一角に、ちょっとした健康コーナーが設けられており、体重計、血圧計、腹囲を計測するためのメジャーが置いてあった。ちなみに、血圧計と腹囲計測コーナーは、ほかの人から見えないように木でできた簡単な囲いで覆われていた。私も、体重計に乗ってこっそり体重を計ってみた。

囲いの外側には「栄養」、「スポーツ」、「たばこ」、「アルコールと麻薬」、「糖尿病」といった項目の書かれた紙片が画鋲で留められていて、そのすぐ下に各項目の情報をまとめた小冊子が置い

リペリ図書館外観

らせん階段の左脇の部屋が元書店があったところ（リペリ図書館）

である。その小冊子をちらっと見てみたが、そのなかには、自分でできる体操や血圧・体重測定の記録票など、実用的な情報が分かりやすくまとめられていた。フィンランドの小さな町では、図書館が住民にとっての総合情報センターの役割を果たしている。本屋すらなく情報収集の場が図書館にかぎられるリペリのような町では、その役割はなおさらと言えるだろう。

フィンランドは国をあげて情報通信の発展と普及に力を注いできたわけだが、その展開の過程で、全国の公共図書館が重要な役割を果たしてきたことは有名な話である。人口密度が低く、居住区が偏在するフィンランドにおいては、情報通信ネットワークは人びとが平等に情報へのアクセスを確保するための生命線ともなる。ネットワークを活用して生み出された知的資源が今日のIT大国フィンランドの基盤を支えていることを考えると、フィンランド社会における図書館の重要性がよく分かるし、約八〇パーセントの国民が図書館を日常的に利用することも不思議なことではないと感じられる。

## 個性派揃いのヘルシンキ市の公共図書館

ヘルシンキ市には、中央図書館であるパシラ図書館（Pasila pääkirjasto）のほかに、なんと三九館もの分館がある。

近年、ヘルシンキには新趣向の図書館が増え、図書館界の注目を集めている。たとえば、「ライブラリー・テン（Library 10）」と呼ばれる分館は音楽を専門とする図書館で、ヘルシンキ駅前にある郵便局（本局）の二階にある。音楽・芸術関係の資料を中心としたコレクションを誇り、館内にスタジオが設置されているほか楽器の貸出も行っている。館内はいつも若者や家族連れで大混雑しており、貸出カウンターには、豊富な音楽コレクションから選んだ大量の音楽ＣＤを借りていく利用者が列をつくっていた。

また、「イタケスクス図書館（Itäkeskuksen kirjasto）」は、郊外の駅前にあるショッピングセンターに隣接する図書館である。ヘルシンキから電車で一五分ほどの郊外にあり、移民が多く居住していることもあって図書館ではさまざまな言語の資料を収集している。ショッピングセンターのにぎわいをそのまま運び込んだような、活気のある図書館だった。

ヘルシンキの多くの図書館が独立した学習コーナーを設けているが、イタケスクス図書館にも飲食禁止・携帯電話禁止・コンピュータ禁止の読書室が設けられている。にぎやかな図書館の中にあって、ここだけは完全な静寂が保たれていた。

フィンランドの図書館は、どの図書館にも驚くほど多くの利用者がいて館内は熱気にあふれていた。常に新しい試みに挑戦していくという図書館の前向きな姿勢が、住民を引きつけているのだろう。たとえば、音楽情報を専門とするライブラリー・テンはその代表とも言える。

「音楽好きの若者が集まれる図書館があったら……」という発想それ自体は、図書館の関係者ならばすぐに思いつく。だが、アイディアの段階にとどまり、それ以上進展することはめったにない。しかし、フィンランドでは、「あったらいいな……」というアイディアが現実化してしまうのである。フィンランドの図書館がこれからも成長をつづけていくだろうと確信するのは、このようなエネルギーがフィンランドの図書館界全体にみなぎっているからである。

　フィンランドの図書館と言えば、その魅力的な建物について触れないわけにはいかない。フィンランド視察の締めくくりとして、建物について簡単に説明しておこう。

　教会を思わせるような静かな佇まいの図書館から前衛芸術を思わせる斬新な建築まで、一つ一つがバラエティに富んでいて、

静寂を保つ特別な閲覧室（イタケスクス図書館）

個性的な建物が際立つのがフィンランドの図書館である。ヘルシンキの図書館を見てしまったあとでは、デンマークの図書館はどれもみな同じ建物に見えてしまう。というのも、建物自体がオーラを放つフィンランドの図書館建築に比べて、デンマークの図書館はあまりにも素っ気ない造りの建物が多いからだ。学校やそのほかの公的施設との区別がつかず、中に入ってみて、やっとそこが図書館だと気付くこともしばしばである。

個人的な意見を述べることが許されるなら、図書館はサービスの中身で勝負するものだと思ってきた。もちろん、魅力的な建築が好ましいけれども、たとえ建物がみすぼらしくても中身でカバーできるというの

教会のような佇まいの図書館（ヴァリラ図書館）

がこれまでの私の考えだった。しかし、建築家の意見は違っていて、建物が中身を規定する部分は無視できないほど大きいらしい。そのため、図書館建築の研究者や図書館の設計を手掛ける建築家が北欧諸国に行くと、デンマークの図書館はあまりの素朴さやそっけなさに唖然としてしまうようだ。そして、近隣のスウェーデンやフィンランドの図書館建築の素晴らしさを改めて認識し、「やはり図書館はこうでなくては……」と思うらしい。

私も実際にフィンランドの図書館建築を見てからは、建築家がフィンランドの図書館視察でがぜん張り切ってしまう理由がよく理解できるようになった。

第6章

# 北欧の公共図書館を支える理念

## ——私たちには図書館がある

コペンハーゲン・コムーネの図書館に置かれているPRカード「あなたの思い描くすべてのものを」という言葉が10か国語で書かれている

# 1 場所としての図書館

## 図書館はもう古い？

ここまで、活気ある北欧の図書館と図書館を旺盛に利用する人びとを紹介してきたわけだが、実際にはインターネットの急速な普及により、北欧でも公共図書館に対する情報要求は相対的に減少している。デジタル技術の進展とともにますます変化のスピードを速めるメディア環境のなかで、これから図書館はどのような舵取りをしていったらよいのだろうか。これは、北欧の図書館だけの悩みではなく、世界中にあるすべての図書館に共通する課題と言えるだろう。

北欧の図書館は、過去の伝統に固執するでもなく、かといってそれを否定するでもなく、柔軟な姿勢で将来の図書館のあり方を模索しているように見える。図書館の新たな活動領域の開拓が重要な課題となるなかで、北欧の図書館界では利用者の確保に向けてさまざまな試みを行っている。ここでは、デジタル化社会の真っただなかで北欧の図書館が直面している課題と、その克服に向けた取り組みを見ていきたい。

## 図書館の存在感は高まっている

北欧の公共図書館の歴史はすでに一〇〇年を超え、図書館は完全に人びとの生活に溶け込んだものとなっている。なじみすぎて空気のような存在になってしまった図書館は、もはや取り立て話題にも上らないし、司書にとっては、この「当たり前すぎる図書館」というのが悩みの種になっていることはすでに書いた通りである。図書館の社会的認知が飛び抜けて高い北欧の図書館ならではの贅沢な悩みにも見えるが、図書館界にとっては深刻な問題となっている。

それがゆえに、図書館は既存のイメージを打ち破るための戦略を日々練っている。メディアをめぐる社会動向をすばやく察知し、新しいデジタル技術をどんどん導入して新しいサービスを追加していくのも、その戦略の一つと言える。その基本的な路線として行われているのがコレクションとサービスの電子化で、来館しないでも図書館サービスを享受できるシステムづくりである。その結果、デジタル情報として提供できるメディアが図書をはじめとして音楽、映画へと広がっていった。いまや、ウェブサイト上の利用者は実際に図書館を訪れる利用者数に接近しつつある。

こうした傾向が進むにつれて、場所としての図書館の利用価値は薄れていってしまうのだろうか。最終的に、物理的な空間としての図書館はなくなってしまってもよいのだろうか。実は、こんな疑問のなかに、もう一つの公共図書館の生き残りの戦略が隠されている。

それは、公共図書館を多様な文化的背景をもった人びとが集まる自由度の高い公共空間にしていくことである。情報化の進展とともに、年齢・性別が違う多様な文化的背景をもつ人びとが直接集う機会が明らかに減少している。しかし、人間が本能的に他者との知的コミュニケーションを求める存在である以上、直接対話のできる物理的な空間がコミュニティにはどうしても必要となってくる。図書館は、そのような要求を満たすためにもっとも適した場所である。

こうした状況をふまえてか、図書館という物理的な場所がもつ力を評価する議論が近年高まってきている。それは、図書館が単に資料を提供する場にとどまらず、メディアを通じて人間同士の関係性を構築していくことができる場所だと認識されているからだろう。公共空間がコミュニティから衰退していくなかで、公共図書館の物理的な存在感は高まっているのである。

今まで図書館は、さまざまなプログラムへの参加や集会における交流、そしてボランティア活動などを通じてコミュニティの人的ネットワークの構築を促してきた。図書館は人間同士の交わりを支え、豊かな社会関係資本を生み出してきたわけである。

そして、その過程には司書による専門的なアドバイスと支援が大きくかかわってきた。「生身の司書から受ける支援を越えるものをバーチャル空間に見いだすことはできない」ということを、改めて北欧の図書館は考えているのである。言ってみれば、デジタル機器を利用したアナログ社会の再構築であろう。

## 2 学習の場としての公共図書館を見直す

最近になって北欧の図書館では、これまで述べてきたような「場所としての図書館」という考え方を、生涯学習センターとしての機能に結び付けようとする動きが見られるようになった。すなわち、公共図書館の学習機能を強化していく計画が立ち上がっているのである。

これまで公共図書館は、個人にとってのインフォーマルな学習の場として、利用者自らが問題を解決しようとする行為を支援してきた。図書館での学びは基本的に自己学習であって、利用者は情報利用や学習に関する目標を自分で設定するわけだが、人によって目的はさまざまであるため、求める情報に達するプロセスも当然異なっている。短期間で学びたい人、時間をかけてゆっくりと学びたい人、それぞれが自分のペースで取り組めるのが図書館における学びの最大の特徴であり、そんな多様な利用者の存在を認めて、図書館はそのニーズを受け止めてきた。

そして今、学習の場としての図書館をもっとも必要としているのは組織に属していない人びとである。学校の中退者、失業者、高齢者、移民・難民などのマイノリティにとって図書館は数少ないコミュニティ参加の場所であり、学習のための重要な拠点となっている。

もともと、北欧の公共図書館は教育的な色彩の強い機関として出発したわけだが、時代が経つにつれてサービスは少しずつ変化していった。今日の公共図書館は、娯楽資料も含めて幅広いメディアと情報を提供する場所となった。図書館で行われている映画上映会、コンサート、サークルの集まりなどといった多彩な活動を見ていると、図書館が学習機関であることを忘れてしまいそうである。

だが、「メディアを通じて住民の自己学習を支援する」という目標を公共図書館が手放したことは一〇〇年を超える近代図書館の歴史のなかで一度もない。なぜなら、何らかの課題を抱えた住民が自らその問題を解決するというセルフヘルプの過程をまるごと引き受けられるのは、公共図書館をおいてほかのコミュニティの機関にはないからである。学習の場として公共図書館を

分類が分かりやすく示された子ども用の書架（ヒーゼマーケン図書館）

見直すことは、北欧諸国において近代公共図書館の原点に立ち返ることでもある。

最近、北欧の公共図書館関係の記事などでよく見かけるのが「エンパワーメント」という言葉である。日本ではあまりなじみがない言葉だが、「自分に力をつけ、社会に対して働きかける」という行動指針を意味しており、欧米では、マイノリティや女性が自己を見つめ、自らの能力を発見し、コントロールしていくための実践概念としてよく用いられている。このような意味において、図書館はまさに「エンパワーメント」の場所であると言える。とりわけ、インフォーマルな学習のための場は、公共図書館をおいてほかに代わるものはない。

ただし、注意しておきたいことは、現在の図書館はかつてのように教育を過度に重視した権威主義的な存在ではないということである。図書館は、利用者の多様な学びのスタイルをふまえた新しい学びのあり方を示す場所へと変わったのだ。

## 3 マイノリティとマジョリティ——統合の場としての図書館

今後、北欧の公共図書館にとっては、マイノリティとマジョリティの統合の場としての役割がもっとも重要な課題となるだろう。一九六〇年以来、北欧の図書館はマイノリティ住民へのサービスを長期にわたってつづけてきた。そして、その実績によって公共図書館は、「マジョリティとマイノリティがともに社会を形成していく」という北欧社会全体の目標に積極的にかかわってきた。

だが、公共図書館で統合へのさまざまな試みが行われる一方で、エスニック・マイノリティを取り巻く状況は厳しさを増している。たとえば、デンマークでは中道右派政権のもとで政策に変化が生じており、移民の受け入れが従来よりも厳しくなった。二〇〇二年にデンマーク政府は「外国人法、婚姻法等の修正に関する法案」を提出し、難民の受入れ条件や永住権・滞在権・移民の家族の呼び寄せの条件などを引き上げ、移民・難民の受け入れをいっそう制限する

図書館のプログラムに参加するエスニックマイノリティの子どもたち（ソルヴァン図書館）

ようになった。

こうした状況にあって、統合に関する公共図書館の果たす役割は、今後ますます重要なものになっていくことが予想される。なぜなら、公共図書館がマイノリティ住民へのサービスを行っているという事実それ自体が、コミュニティにおける多様な文化的背景をもつ住民の存在を尊重しているという証でもあるからだ。図書館の存在そのものが、マジョリティとマイノリティの統合を掲げる北欧社会にとっては重要な意味をもつことになる。

ただし現状では、図書館におけるマイノリティ住民とマジョリティ住民の接触はあまり活発とは言えない。マイノリティ住民の利用頻度はとても高いが、資料の貸借が少ないという点で、伝統的な図書館サービスの立場から見れば周縁的な存在である。一方、マジョリティは、資料の貸借を主たる目的として図書館を利用しているので、図書館での滞在時間がとても短い。二つのグループは、交わることなく図書館という空間ですれちがっているのである。

公共図書館がマイノリティ住民とマジョリティ住民の統合を支える重要な機関であるという理念は、北欧社会ではすでに了解事項となっている。しかしながら、両者の文化的な接触に関して言えば、現在の図書館界では期待感が先行するだけで現実が伴っていない。公共図書館は、試行錯誤を繰り返しながら、両者がコミュニケーションをもつためのきっかけを探っている段階と言えるだろう。

# 4 「平等」「共有」「セルフヘルプ」

コペンハーゲンに暮らした八か月の間、家探し、買い物など、日々の生活を通じて北欧社会のさまざまな面を体験することができた。そんな日常のなかで私が感じたのは、北欧の社会基盤を成り立たせている理念が、実は北欧の図書館のあり方に強く結び付いているということだった。本節では、「平等」、「共有」、「セルフヘルプ」という北欧社会の鍵を握る三つの理念と、図書館とのかかわりについて考えていきたい。

## 情報への平等なアクセスを確保する

「平等」は、北欧社会を形成するもっとも重要な理念である。個人間の格差を可能なかぎり排除し、平等な社会をめざすことは、北欧の社会・政治・経済政策を貫く中心的課題と言ってもよいだろう。そして、この平等という考え方が、北欧諸国の図書館のサービス目標とまさにぴったりと重なっている。

図書館は、住民に対して情報への平等なアクセスを確保することによって住民間のギャップを埋める機関となっている。北欧ではこの理念を図書館界全体が共有しており、実際にサービスを担う司書たちが自らの役割を明確に意識しながら職務にあたっている。住民もまた図書館の社会的な役割を理解しており、積極的に図書館を利用することでその恩恵を受けていると言える。

情報アクセスへの平等を確保するため、北欧の図書館では、アクセスに困難がある利用者、障碍者、マイノリティへのサービスがとりわけ重要視されている。北欧の図書館が世界に誇る障碍者サービスは、まさに北欧社会全体の福祉にかかわる理念とそれを実現する社会政策のもとで築かれた賜物と言えるだろう。

その一例として、図書館が利用者のもとに出向くサービス（Biblioteket kommer）があって、どこの図書館でも必ず実施して

読みやすい本の目印は表紙のデイジー（イスランス・ブリュゲ図書館）

いる。どういうものかというと、外出ができない高齢者や病人、障碍者、そのほか何らかの理由で図書館に来られない利用者のために、図書館がリクエストに応じて本を届けるというサービスである。本以外にも、録音図書、雑誌、音楽、映画なども届けてもらえる。また、蔵書の一部を積んだ車を高齢者施設に巡回させている図書館も多い。デンマークでは、一九六四年の図書館法で、高齢者施設・病院・刑務所などの施設に分館を造ることを認めている。日本ではまだあまり知られていないサービスだが、何らかの理由で公共図書館を利用できない人びとに等しく図書館サービスを提供していくことが、北欧諸国の図書館においてはもっとも重要な使命となっているのだ。

## 共有するということ

「平等」が北欧社会の基盤を形成するもっとも基礎的な理念だとすれば、「共有」は、北欧の暮らしに通奏低音として流れる一つの生活スタイルと言えるだろう。

デンマークで実際に生活してみて驚いたこと、それは共有という概念が、今まで私が体験してきたそれとはまったく異なるレベルで社会に深く浸透していたことだった。分け合ってお互い利益になることであれば、ほかの人との分かち合いをいとわない人びとがそこにおり、何のためらいもなく日常生活を送っている。ルームシェア、ドライブシェア、公立学校での教科書のリユースなど、考えられるかぎりのありとあらゆる状況において他人との共有が成立している。

駅でサンドイッチを買おうとしたときに、見知らぬ人から「それ、半分に分けましょう」と話しかけられたこともあった。そのサンドイッチは二個入りで、一人で食べるにはたしかに量が多めだった。その見ず知らずの女性は、まず私がそのサンドイッチを買って、そのあとにお金とサンドイッチを二人で分けましょうという提案をしてきたのだ。しかし、言葉は分かっても、その意味するところが私には咄嗟に理解できなかった。何と言っても、「見ず知らずの人と買ったものを分け合おう」というような提案を受けたのは生まれて初めてだったのだ。

また、コペンハーゲンに着いて間もないころのことだが、部屋探しをしていたときに異性の同僚から、「休暇で自宅を使わないので、その間自由に使って」というありがたい申し出を受けたことがある。私だったら、自分が家にいないからといって他人に「どうぞ部屋を使ってください」とは言えない。ましてや異性である。さまざまなことが気になってしまって、どう考えてもできそうもなかった。文化と言ってしまえばそれまでだが、その共有の度合いの深さにはさまざまな面でいつも驚かされた。

北欧では有形のものから無形のものまで、分け合えるものは躊躇せずに他人と分かち合うという共有の理念が社会に深く浸透している。図書館と言えば、まさに資料や情報を他者と共有することで成り立っている場所である。共有をいとわないという生活様式は公共図書館の成熟と無関係ではないことを、私は八か月にわたる現地の生活を通して実感した。

## 常に自分で道を切り開く

北欧は、あらゆる場面で常に自己決定を迫られる社会となっている。それは子どもも同じで、しかもその決定に対しては決定を下した本人が責任をとらなければならない。このような社会では、日々のさまざまな場面で生じる決断のために的確に情報にアクセスし、それを自分なりに解釈して判断し、決定するスキルが欠かせないものとなる。図書館は、まさに情報を収集して整理するスキルを磨く場所であり、北欧社会で生きていくために必要とされる「自己判断のための情報処理能力」と直結している。

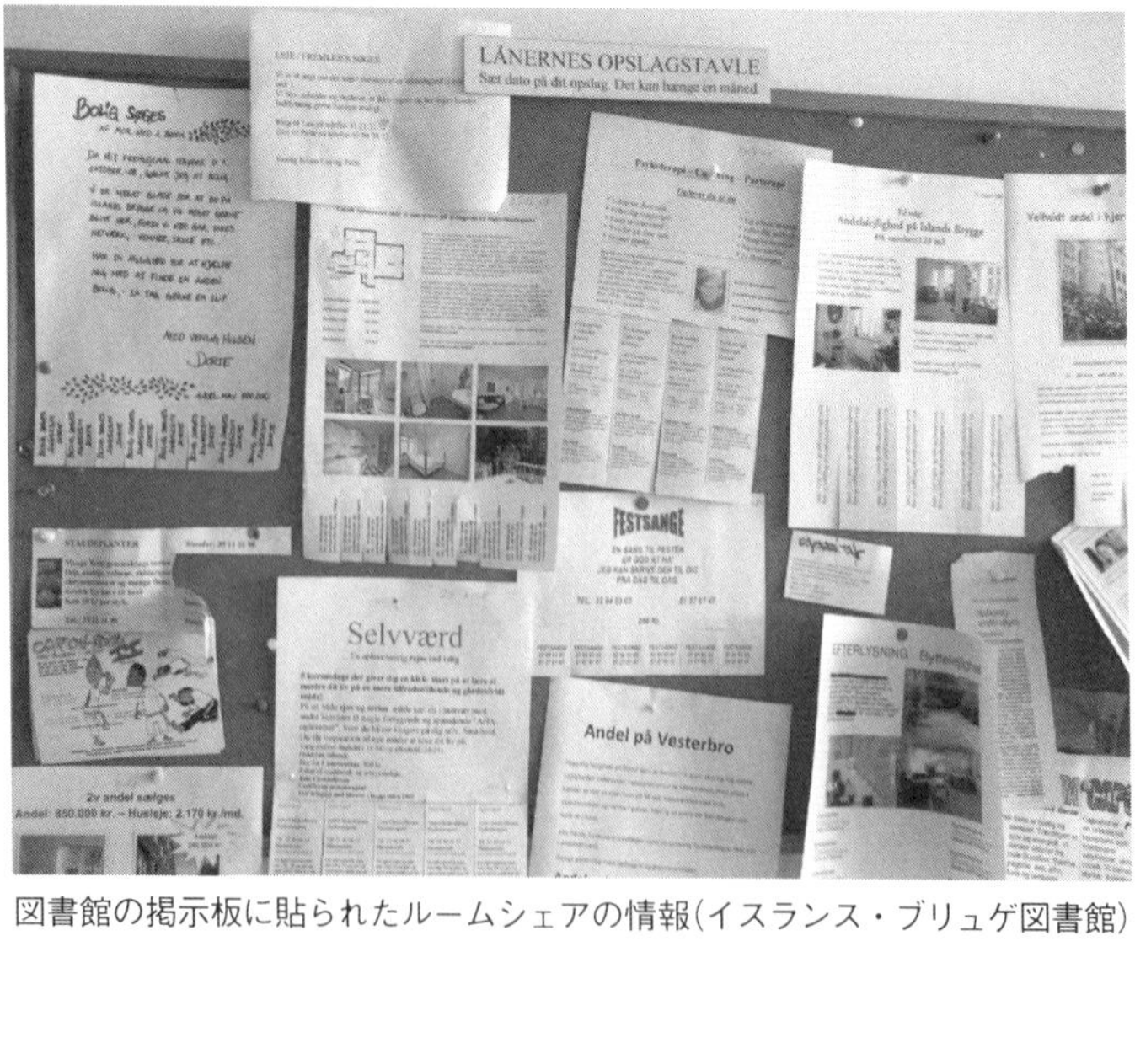


図書館の掲示板に貼られたルームシェアの情報(イスランス・ブリュゲ図書館)

さらに北欧社会では、自らの考えに基づく自発的な行動があらゆる場面で要求される。まず、最初に求められるのは、自らの頭で考えて行動することで、他者に助けを求めるのはその次のステップである。

「とにかく自分でやってみなさい。必要であればいつでも助けてあげるけど、まずは自分で……」というのが、北欧の教育スタイルである。子どものころから、自分を自分で助ける「セルフヘルプ」と、自分で問題解決ができない場合は他人に支援を求めることの重要性を繰り返し学んでいくことになる。

セルフヘルプが重視される社会においては、図書館が重要な役割を果たすということは言うまでもないだろう。信頼度の高い情報が専門職によって提供される図書館は、たしかな情報を求める人びとがまず頼りにする場所である。そして、自力で自らの問題を解決しようとする利用者を支援することが図書館のもっとも重要な役割となっている。

セルフヘルプの理念に基づいて生涯にわたって学びつづけることは、北欧社会の文化的な伝統とも言えるだろう。この伝統を支えるために、北欧では生涯学習を保証するためのさまざまな制度と実践のための場所を用意してきた。そのなかでも、無料で学ぶことができる図書館は生涯学習の中核的な場所となっている。

そもそも北欧のデモクラシー社会は、主体的に情報を求め、自ら収集した情報を適正な判断によって利用する能力を有する市民の存在を前提として形成されている。情報と主体的に向き合うことのできる市民を育成するということを目標にしている図書館は、北欧社会のあり方と強く結び付いているのである。

# おわりに

私が本書を通じて描きたかったのは、北欧のごく普通の図書館がそこに住む人びとによってどのように使われているのかということだった。北欧の公共図書館に足を踏み入れたときの感覚、館内に漂う雰囲気、図書館で流れる時間……自分の目で見て確かめた一つ一つの図書館での体験を、ありのまま日本のみなさんに伝えたいと思った。

これまでにも、デンマークを含めて北欧の公共図書館についてはさまざまな形で紹介されてきたが、その大部分はレベルの高いサービスに焦点が当てられたものだった。たしかに、北欧の最先端の図書館サービスから私たちが学ぶべき点は多々ある。だが、そのような実践例は、北欧の図書館のある一部の姿を映し出したものでしかない。

どんな高度なサービスが提供されても、どんなに優秀な司書がいたとしても、利用者が図書館を訪れて利用しないかぎり図書館が存在する意味はない。日本で北欧の図書館についてかなり詳細な紹介がなされてきたにもかかわらず、そこに利用者の存在が感じられなかったことに私は物足りなさを感じていた。

なぜ、いつ来館しても図書館に人がたくさんいるのか、若い人びとがグループで図書館に集まって長い時間を過ごすのはなぜなのか、高齢者が驚くほど貪欲に読書をするのはどうしてなのか、このような理由を少しでも知りたかったために、北欧の図書館をめぐる旅に出たと言ってもよいだろう。

＊＊＊

私が北欧の公共図書館に興味をもつようになったのは、五年ほど前のことである。そのころ、北欧の図書館に対して想い描いていたことは、豊かな社会福祉制度が支える成熟した図書館システム、驚くほど高い利用率といったイメージだった。つまり、北欧の図書館はうらやましいけれど、何かを学びとるにはあまりにも遠い存在だった。

こうした印象は、ほとんどの日本の図書館関係者がもっている北欧の図書館に対するイメージと同じだと思う。これまで日本の図書館界では、一貫して北欧の公共図書館、なかでもデンマークの公共図書館を高く評価してきた。専門職制の確立、高度なサービス、新しいメディアの積極的な提供、どの点をとっても北欧の図書館サービスはモデルケースと言える対象である。

さらに、こうした北欧の図書館サービスへの評価は、いつでも北欧諸国の高度な社会福祉政策と結び付けて語られてきた。サービスのレベルが高いのは社会制度のおかげだし、公共図書館は北欧社会の高度な福祉サービスの一つの象徴である、というようにである。社会制度が異なるがゆえに、北欧の図書館と日本の図書館が接点をもつことは難しいとまで思われてきた。

だが、本当に北欧の図書館と日本の図書館はかけ離れた存在なのだろうか。八〇数館への訪問を終えて感じたことは、日本と北欧の図書館の相違点よりも類似点である。本書で紹介してきたサービスのほとんどすべてが、日本の図書館でもすでに実施されている。何よりも、デジタル社会の進展のなかで住民のあらゆる知的欲求を満たし、セルフヘルプを試みる個人を支援するという図書館サービスの目標に、国や社会制度の差はない。そういう意味で、公共図書館は普遍的な存在である。

とはいえ、北欧の図書館と日本の図書館とで大きく異なっていると感じられたことがたった一つだけある。それは、図書館を使う利用者の積極性である。私には、図書館を熱心に使う人びとと、その期待にこたえようとする司書の熱意が、北欧の図書館全体のレベルを押し上げているように感じられた。

一〇〇年前に北欧で公共図書館が設立されはじめたころ、おそらく利用する多くの人びとが抱いていたのは知識に対する渇望感であっただろう。少しでも多くのことを知りたいという思いから、人びとは図書館を訪れた。その後、図書館は社会とともに変化し、今では多くの人びとがいろいろな理由で図書館を訪れている。勉強をしたい人もいるだろう。友人とかけがえのない時間を過ごすという人もいれば、自分と静かに向き合いたい人もいる。さまざまな人がいろいろな事情で図書館を利用し、その利用者の多様性が今日の北欧の図書館を豊かにしていると言える。

図書館の資料は、常に利用者一人ひとりに開かれたものでなければならない。この当たり前とも言える図書館の原則を、淡々と守りつづけてきたのが北欧の公共図書館である。図書館を訪れたすべての人が、目に見える成果を出したり、大きなことを成し遂げたりするわけではない。しかし、人は誰しも自分と社会を変えていく力があるということを一冊一冊の資料を通じて示すことが図書館の本質的な役割である。厳しい吹雪のなかでもブックモービルを走らせ、フィヨルドの奥地までブックボートを運航してきたのは、利用者が図書館を通じて変わっていける可能性をすべての人びとに示すためであった。

本書を読み終わったあとに、「図書館って、なんだか可能性がある場所なんだ」とか「そう言えば、図書館に長い間行っていなかったから、今度の週末に行ってみよう」という気持ちに読者のみなさんがなったとしたら、本書を執筆した甲斐があったと言えるだろう。そして、北欧へ旅行されたときには、ぜひそれぞれの国の図書館に立ち寄ってみてほしい。

筆者は、二〇〇八年八月一日から二〇〇九年三月三一日まで、デンマーク王立情報学アカデミーに客員研究員として滞在する機会を得た。本書は、八か月の間にデンマーク、ノルウェー、スウェーデン、フィンランド各国の公共図書館約八〇館を訪れたときの調査内容をまとめたものである。

見学にあたって、先進的なサービスを行っている図書館を訪れたのはもちろんであるが、それ以上になるべく普通の図書館も訪れ、時間をかけて一つ一つの図書館をていねいに見て回ることを心がけた。大規模な図書館が優れたサービスを提供することは、ある意味では当たり前のことである。「図書館サービスの本当の実力は、コミュニティの小さな図書館に現れる」ということは、図書館見学の回数が増えていくにしたがって確信となった。

二〇〇六年の夏に駆け足で回った北欧の図書館調査旅行と、夏・秋・冬・春と季節をまたいで八か月間滞在した今回の調査を振り返ってみると、その最大の違いは、長期滞在によって私自身が実際に北欧の公共図書館の利用者になれたという点ではないかと思う。もちろん、図書館を回って司書と会うことで、プロの視点から最先端の図書館サービスについて説明を聞くことができ、毎回たくさんの刺激も受けた。それは、図書館を研究のフィールドとする者にとっては大変勉強になる時間だった。でも、それ以上に、一利用者として図書館を実際に使ってみることによって理解できたことがとても多かったように思う。

ほとんど毎日のように図書館に出かけ、そこで研究をしたり、生活にかかわるさまざまな調べ物をしたり、ただくつろいだりすることで、私は徐々にデンマークの図書館とデンマークの社会になじんでいくことができた。そこは職場ではなく、かといって自分の家ではなく、ほかの人の存在を感じながら自分と向き合える貴重な空間と時間をもたらしてくれる場所だった。

今回の海外研修にあたり、ご支援をいただいた職場の方々、図書館を案内してくださったデンマークの司書の方々、インタビューに答えてくださった利用者の方々に感謝したい。情報学アカデミーのハンス・エルベスハウゼン先生には、フィールドワークに際してさまざまな助言をいただくとともに滞在期間を通じていつも温かく見守っていただいた。ここに記して、心からの感謝の気持ちとしたい。

本書の刊行にあたっては、株式会社新評論の武市一幸氏に草稿の段階から数多くのアドバイスをいただき、完成にこぎつけることができた。心からお礼を申し上げたい。一年間にわたる執筆・編集作業を通して、出版と図書館の仕事が多くの理念を共有していることも実感することができた。

本書を、今回の図書館訪問に同行し、写真を撮影してくれたパートナーの宮沢厚雄に捧げる。午後三時には暗くなってしまうデンマークで、方向感覚が極度に貧弱な私が図書館調査をつづけられたのは、すべて彼のおかげである。

デンマークでの生活から二年近く立ってしまった今でも、ふとしたはずみにそのころのことを思い出すときがある。空を見上げると常に視界に入るカモメ、霧雨やみぞれのなかを自転車に乗って進む人びと、そして穏やかな空気が流れていた図書館、デンマークのさまざまな景色が私の目の前にありありと浮かんでくる。

本書は、文部科学省「大学教育の国際化加速プログラム」による研究滞在、および同省科学研究費補助金「基盤研究C」からの研究助成による研究成果の一部である。

二〇一〇年　秋

吉田右子

# 文献案内

本書では、デンマークの公共図書館の状況をなるべく幅広く描くように努めたが、すべての話題を扱っているわけではない。本書を読んで、デンマークの図書館および北欧の図書館に関心をもたれた方は、ぜひ以下に挙げた文献にあたっていただきたい。また、北欧の図書館が世界に誇る障碍者サービスについては、財団法人日本障害者リハビリテーション協会情報センターのウェブサイトに詳しく紹介されているので、そちらもあわせてご覧いただきたい。

・全国学校図書館協議会北欧学校図書館研究視察団編『北欧に見る学校図書館の活用』全国学校図書館協議会、二〇〇七年、一二七ページ。
・図書館計画施設研究所編『Libraries in Finland & Sweden』図書館流通センター、一九九四年、二八八ページ（LPDシリーズ6「白夜の国の図書館　パート1」）。
・図書館計画施設研究所編『Libraries in Denmark & Iceland』リブリオ出版、一九九八年、二〇五ページ（LPDシリーズ8「白夜の国の図書館　パート3」）。
・図書館計画施設研究所編『Libraries in Norway & Sweden』リブリオ出版、一九九六年、二〇七ページ（LPDシリーズ7「白夜の国の図書館　パート2」）。

・L・トルセン／今まど子・古賀節子訳『デンマークの公共図書館』日本図書館協会、一九七五年。
・西川馨編著『学力世界一を支えるフィンランドの図書館』学校図書館協議会発行・教育史料出版会発売、二〇〇八年、一九〇ページ。
・深井耀子『多文化社会の図書館サービス―カナダ・北欧の経験』（阪南大学叢書）青木書店、一九九二年、二三四ページ。
・弥吉光長編『デンマークの図書館』（北欧文化シリーズ）東海大学出版会、一九七五年、一八九ページ。
・弥吉光長『北欧の公共図書館と生涯教育』日本図書館協会、一九九二年、一三〇ページ。

【タ】

# 索　引

## 著者紹介

**吉田右子**（よしだ・ゆうこ）

1963年、東京都生まれ。

1992年、図書館情報大学大学院修士課程修了。

1997年、東京大学大学院教育学研究科博士課程単位取得退学。

1997年、図書館情報大学助手。

現在、筑波大学大学院図書館情報メディア研究科准教授（公共図書館論）。

主な著作に『メディアとしての図書館――アメリカ公共図書館論の展開』（日本図書館協会、2004年）がある。

2008年8月から2009年3月まで、デンマーク王立情報学アカデミー客員研究員。



**デンマークのにぎやかな公共図書館**
――平等・共有・セルフヘルプを実現する場所――

2010年11月15日　初版第1刷発行

著者　吉田右子
発行者　武市一幸

発行所　株式会社　新評論

〒169-0051
東京都新宿区西早稲田3-16-28
http://www.shinhyoron.co.jp

電話　03(3202)7391
FAX　03(3202)5832
振替・00160-1-113487

印刷　フォレスト
製本　清水製本所
装丁　山田英春
写真　宮沢厚雄
　　　吉田右子
（但し書きのあるものは除く）





ISBN978-4-7948-0849-3

## 新評論　好評既刊　デンマークを知るための本

P.オーレスン&B.マスン編／石黒 暢 訳

### 高齢者の孤独　シリーズ《デンマークの悲しみと喪失》

25人の高齢者が孤独について語る

肉親との離別，離婚，近づく死…。赤裸々に語られる人生の経験。
[A5並製　244頁　1890円　ISBN978-4-7948-0761-8]

J.グルンド&M.ホウマン／フィッシャー・緑 訳／須山玲子 協力

### 天使に見守られて

癌と向き合った女性の闘病記録

ホスピスでの日々を綴る感動の闘病記。日野原重明氏すいせん!
[四六並製　216頁　1890円　ISBN978-4-7948-0804-2]

O.ブラント／近藤千穂 訳

### セクシコン　愛と性について

デンマークの性教育事典

あなたとあなたの愛する人を守るために。豊かな人生への指針。
[A5並製　336頁　3990円　ISBN978-4-7948-0773-1]

C.ベック=ダニエルセン／伊藤俊介・麻田佳鶴子 訳

### エコロジーのかたち

持続可能なデザインへの北欧的哲学

北欧発，持続可能性を創造するデザインの美学。写真多数掲載。
[A5上製　240頁　2940円　ISBN978-4-7948-0747-2]

J.S.ノルゴー&B.L.クリステンセン／飯田哲也 訳

### エネルギーと私たちの社会

デンマークに学ぶ成熟社会

デンマークの環境知性が贈る「未来書」。坂本龍一氏すいせん!
[A5並製　224頁　2100円　ISBN4-7948-0559-4]

＊表示価格はすべて消費税（5%）込みの定価です。